Klaus Berger

Engel – Gottes stille Helfer

HERDER spektrum

Band 5678

Das Buch

Selten waren Engel in der Neuzeit so beliebt wie heute, zu Beginn des dritten Jahrtausends. Selten waren so viele zu sehen: auf Plakaten, Büchern und in Filmen, in Kaufhäusern und auf Internetseiten. Was aber meint die Bibel, auf die unsere Vorstellung letztlich zurückgeht, wenn sie von Engeln redet? Wie ist zu verstehen, was dort von den Erfahrungen dieser Mächte zwischen Himmel und Erde erzählt wird? Klaus Berger, einer der bekanntesten Bibelwissenschaftler und Theologen, hat sich die alten Menschheitstexte vorgenommen. Er stellt fest: Engel sind nicht unbedingt einfach lieb. Und nette, niedliche Figürchen sind die biblischen Engel nie. Biblisch ist die Auffassung: Durch die Engel nimmt Gott mit der Welt Kontakt auf. Denn wir Menschen sind mit der Vorstellung des einen, unbegrenzten und unfassbaren Gottes schnell überfordert. Bei den Engeln aber geht es um begrenzte Erfahrungen, die leichter zugänglich sind.

Berger schlägt die Brücke zwischen lebensgeschichtlichen Erfahrungen und den Erzählungen der Bibel: Geschichten von Schutz und Geborgenheit, Befreiung und Rettung. Denn daß ein Engel erfahrbar wird, bringt auch Gottes schützendes Handeln am Einzelnen im Alltagsleben ans Licht. Der Engel vermittelt die Einsicht: Es ist Gott, der dich führt.

Da ist Gottes persönliche Verbindung zu unserem Alltagsleben. Gott ist unfaßbar – eben nicht allein im großen Maßstab, sondern auch im leisen, verborgenen Wirken der Engel. Die Rede von Engeln steht dafür, daß wir von diesem Wirken doch Spuren entdecken, daß das Geheimnisvolle Licht für uns wird.

Der Autor

Klaus Berger, Dr. theol., geb. 1940, Professor für Neues Testament in Heidelberg. Autor zahlreicher Publikationen.

Klaus Berger

Engel – Gottes stille Helfer

Himmlischer Beistand im Alltag

HERDER

FREIBURG · BASEL · WIEN

Originalausgabe
Gedruckt auf umweltfreundlichem, chlorfrei gebleichtem Papier

www.herder.de
Umschlaggestaltung und Konzeption:
R·M·E München / Roland Eschlbeck, Liana Tuchel
Umschlagmotiv: Verkündigung an die Hirten;
aus dem Perikopenbuch Heinrichs II. © Bayrische Staatsbibliothek
Satz: Barbara Herrmann, Freiburg
Druck und Bindung: fgb · freiburger graphische betriebe 2006
www.fgb.de
ISBN-13: 978-3-451-05678-X
ISBN-10: 3-451-05678-9

Inhalt

Einführung 7

I SCHUTZ UND HILFE

Geborgensein: Eine Ahnung von Versöhnung 25
Schweigen: Das Gute empfangen 27
Führung: Hilfe an Wegkreuzungen 28
Frieden: Loslassen der Angst 31
Befreiung: Die Fesseln lösen 36
Rettung: Licht in der tiefsten Nacht 38
Stärkung: Erneuerung der inneren Kraft 43
Heilung: Jedem, der will 48

II BOTEN DER VERKÜNDIGUNG UND DER VERHEISSUNG

Geheimnis: Der schwebende Engel 53
Weihnachten: Fürchtet euch nicht 59
Liebe: Dispute zwischen Gott und den Engeln 66
Versuchung: Der weite Weg und die Fürsorge der Engel 69
Herrlichkeit und Zärtlichkeit Gottes:
Erlösung nicht durch Engel 75
Ostern: Worauf der Glaube beruht 82
Himmelfahrt: Zeichen sein und Zeichen deuten 88

III DIE ROLLE DER ENGEL IN KLÄRUNG UND GERICHT

Leuchtende Klarheit: Durchscheinend werden für das Licht .. 95
Entscheidung: Wissen und Gewissheit 98
Ewiges Evangelium: Anspruch Gottes 103
Gebet und Strafe: Engel als Mittler im himmlischen Heiligtum 106
Erziehung: An die Grenze geführt werden 111
Untergang: Fallhöhe der Ungerechtigkeit 115
Gerechtigkeit: Ungläubiges Staunen 119

IV DER EWIGE JUBEL DER ENGEL

Gloria: Die Grenzen zwischen Himmel und Erde aufheben ... 128
Sanctus: Die Abhängigkeit loben 132
Freude: Heiter und gelöst 140

Einführung

Was sind Engel?

Die Bibel beschreibt die Engel Gottes als unsichtbare Mächte. Sie dienen Gott, Jesus Christus, dem einzelnen Menschen – oder dem Teufel. Stehen sie im Auftrag Gottes, dann sind sie Ausdruck seiner Herrlichkeit und preisen Gott. Sie verkünden Gottes Wort und behüten die Menschen. Gott verwaltet durch sie die Welt und nimmt über die Engel Kontakt mit den Menschen auf. Engel wahrzunehmen bedeutet Gotteserfahrung mitten unter den Menschen, oft im Alltag. Alle Engel Gottes weisen auf den großen Gott und stehen nicht in Gegensatz oder Konkurrenz zu ihm.

Aber die Bibel kennt Engel nicht nur als Hofstaat Gottes, sondern auch im Zusammenhang mit den anderen im heilsgeschichtlichen Drama wichtigen Figuren. Die Engel, die Jesus Christus begleiten, sind ihm von Gott gegeben, und so ist es auch mit dem Engel jedes Menschen. Die Engel Satans sind – wie bei Gott – der verkörperte Ausdruck seiner Macht.

In jedem Falle aber – bei Gott, bei Jesus Christus, bei jedem einzelnen Menschen und bei Satan – sind die zugehörigen Engel so etwas wie Helfer, Boten oder Abgesandte gegenüber Dritten. Engel sind daher Repräsentanten, Ausdruck der Macht und zugleich Vermittler gegenüber anderen. Denn das hängt zusammen: Jemanden vor anderen verherrlichen und den anderen mitteilen, was dieser jemand den anderen zu sagen hat. Also: Gott verherrlichen und seine Botschaft und Hilfe an andere weitergeben. Beides ist nach außen und nicht nach innen gerichtet.

Engel können wir uns wie Personen vorstellen – allerdings nicht Personen im neuzeitlichen Sinn, wohl aber im Sinn der Antike: Sie erfüllen eine Rolle, können hören und sprechen, haben Macht und können diese einsetzen, freilich stets im Dienst dessen, dem sie zugehören. Im 1. Jahrhundert nach Christus reichen diese Eigenschaften aus, um von Personen sprechen zu können. Daher tragen manche Engel auch Namen.

Im Folgenden ist, soweit nicht anders vermerkt, immer von Gottes Engeln die Rede.

An Engel glauben?

„Dein heiliger Engel sei mit mir, dass der böse Feind keine Macht an mir finde." So endet Martin Luthers tägliches Gebet, der Morgen- wie auch der Abendsegen.

Luther meint „den" Engel Gottes, der auch in der Bibel schon Gottes verlängerter Arm in der Welt ist. Für Luther ist der Schutz durch Gottes Engel offenbar sehr wichtig, sonst würde er nicht zweimal diesen Satz als Schlussbitte des Gebets formulieren.

„Glauben Sie an Engel?" werde ich oft gefragt. Ich antworte dann stets: „Glauben ist für mich mehr, als unsichtbare Dinge anzunehmen. Glauben heißt für mich: mein Leben in die Hand Gottes legen." Deshalb sage ich, dass ich an Gott glaube. Ich glaube an den dreieinigen Gott. An Engel glaube ich nicht etwa zusätzlich und separat. Denn die Engel gehören zu Gott. Deshalb wird in der Bibel auch kein Schöpfungstag genannt, an dem sie erschaffen worden sein könnten. Sie sind Grundausstattung Gottes. Deshalb glaube ich an Gott und halte daran fest, dass es sinnvoll ist, von Engeln zu reden, und zwar nach Altem und Neuem Testament. Dabei ist im Neuen Testament häufiger als im Alten von Engeln die Rede.

Offenbar machen auch viele Menschen in der westlichen Welt Erfahrungen von Hilfe (oder seltener: Zerstörung), die sie leicht Engel-Erfahrungen nennen können. Das heißt: Wir deuten an sich vieldeutige Erlebnisse im Lichte der Bibel und mit Hilfe biblischer

Sprache. Die Klärung und Sortierung unserer Erfahrungen und Vorstellungen durch die Bibel ist ein Vorgang, der durchaus mit Wahrheitsfindung zu tun hat. Denn im Licht der Bibel geht es bei solchen Erfahrungen nicht um diffuse oder dunkle Mächte, sondern Engel Gottes sind helle Mächte, Gottes verlängerter Arm.

Denn das Wort „Engel“ kommt aus dem Griechischen *(angelos)*, und das griechische wie das hebräische Wort *(mal'ak)* bedeutet: Bote, Gesandter.

Ein Bote oder Gesandter wird von jemandem ausgeschickt, dessen Auftrag er erfüllt und dem er gehorcht. Von einem Boten wird nicht erwartet, dass er Eigenes übermittelt oder Kommentare zu seiner Botschaft gibt. Er soll nur dem treu sein, der ihn sendet.

Die Bibel sieht das auch so, indem sie von Gott als dem *Herrn der Geister* redet.

Engelerfahrungen

Martin Luther predigte jedes Jahr am 29. September, am Fest des heiligen Erzengels Michael, über die Schutzengel, und für ihn lag die Bedeutung der Engel vor allem in der Erziehung von Kindern und in der Begleitung Sterbender. Immer wieder sind Berichte über Engel mit dem Bild des Weges verbunden. Denn auf dem Weg zu Gott braucht man den himmlischen Beistand persönlicher Art. Kindheit und Sterben sind die Lebensphasen, in denen der Mensch besonders gefährdet ist.

So spielt einmal die Erfahrung von Schutz und Geborgenheit eine Rolle. Zum anderen aber sei nicht verschwiegen, dass die Bibel, nicht nur in der Offenbarung des Johannes, auch Erfahrung des Schrecklichen mit Gottes Engeln verbindet. Deshalb zum Beispiel spricht der 1. Petrusbrief davon, dass der Auferstandene Engelsmächte, die dem Menschen von Natur aus nicht günstig gesonnen sind, besiegen muss.

Daraus wird jedenfalls erkennbar: Nette, niedliche Figürchen sind die biblischen Engel nie. Erst im Laufe der späteren Kunstgeschichte ist mit süßen Engelein und babyartigen Barockputten diese spielerische Vorstellung entstanden. Biblisch dagegen ist die Auffassung: So verwaltet Gott die Welt. Durch die Engel nimmt Gott mit der Welt Kontakt auf

So werden Engel auch „juristisch" und „politisch" verstanden. Wenn Gott irgendwo mit Menschen verhandelt, schickt er seine Gesandten. Daneben ist die Rede vom Heer der Engel. Die Vorstellung der „Heerscharen" von Bethlehem ist die organisierter Engel in militärischen Funktionen, und Michael ist ihr General. Man denkt bei den „himmlischen Heerscharen" oft nur an den jubelnden Chor. Dabei müssen doch die gegnerischen Heere, die Mächte Satans, überwunden werden. Die himmlischen Heerscharen sind nötig, um Gottes Sieg über das Böse zu feiern. Die Gegenmacht zum Messias, Satan, stellt die Bibel sich gleichfalls militärisch ausgelegt vor. Denn es geht um einen Kampf, um das Ringen zwischen den Mächten von Gut und Böse.

Die vielen Engel und der eine Gott

Immer wieder hat es Menschen gegeben, die die Vorstellung von Engeln als Bedrohung für den Glauben an den einen Gott angesehen haben. Dazu gehören freilich nicht Judentum und Islam. Auch mit dem strengsten Monotheismus ist die Existenz von Engeln vereinbar, wenn man sie richtig versteht. Beides gehört vielmehr zusammen: das Bekenntnis zu dem einen Gott und die Vorstellung von Engeln. Gegenüber der Strenge des Bekenntnisses spiegelt sich in den Engelsbegegnungen die Vielfalt religiöser Erfahrungen. Mit der Vorstellung des einen, unbegrenzten und unfassbaren Gottes ist unsere Sprache eigentlich überfordert. Bei den Engeln aber geht es um begrenzte Erfahrungen, die leichter zugänglich sind.

Das Verhältnis von Gott und Engeln im Spiegel menschlicher Erfahrungen lässt sich vielleicht begreifen wie ein Punkt und seine Entfaltung zum Beispiel in der Linie. Der Punkt ist für mich die Wahrheit, dass wir an den einen Gott glauben. Doch dieser Glaube ist gar nicht wirklich, wenn wir uns dabei vorstellen, dass Gott im Himmel wie ein Single in einem Zimmer mit Kochgelegenheit und Dusche wohnt. Der Punkt wird entfaltet zur Linie und dabei auch deutlicher sichtbar: Gott ist kein Single, die Bibel zeigt Gott zusammen mit seinem Hofstaat, der die verschiedenen Seiten Gottes widerspiegelt. In der jüdischen Mystik kommt zum Ausdruck, dass ein Mensch auf dem Weg zu Gott diesen Mächten begegnet. Jede ist in anderer Weise Abglanz Gottes.

Luther redet im Morgen- und Abendsegen von *„Deinem* heiligen Engel", er sagt nicht *„mein* heiliger Engel": Denn auch „mein" Schutzengel bleibt Engel Gottes und nicht Privateigentum. Auch die Befreiungswunder der Apostelgeschichte reden immer vom *Engel des Herrn*, so als gäbe es nur einen Engel. So ist es auch in weiten Passagen des Alten Testaments. Sie kennen nur *den Engel* Gottes. Ähnlich beten Katholiken zu „dem Engel des Herrn" und beginnen: „Der Engel des Herrn brachte Maria die Botschaft ...", als gäbe es nur einen. Andererseits ist typisch für neutestamentliche Berichte über Jesu Auferstehung und Himmelfahrt nach Lukas, dass es jeweils zwei Engel sind, die die Frauen oder die Jünger anreden. In der Weihnachtsgeschichte nach Lukas 2 aber ist es das *himmlische Heer*, also eine unüberschaubare Vielzahl.

Da Engel keine Kreaturen aus Fleisch und Blut sind, ist die normale Zählbarkeit ausgeschlossen. „Der (eine) Engel des Herrn" kann selbstverständlich an unzähligen Orten zugleich tätig sein. Denn der Herr wirkt durch ihn. Die Mathematik kommt hier an ihr Ende. Offenbar geht es weniger um die Zählbarkeit, als vielmehr um die Intensität. Dadurch ist die Weihnachtsgeschichte in Lukas 2 besonders ausgezeichnet vor allen anderen Berichten über Engel.

Wie wirklich sind Engel?

Manche Leute nehmen die Texte, die von Engeln handeln, ganz wörtlich. Doch Engel kann man nicht anfassen wie den Briefträger, wenn er morgens die Post bringt. Sie sind nicht einfach Wesen von dieser Welt wie wir Menschen. Aber sie sind wirklich, und da sie sich vernehmbar machen, konnte man sie im Sinne des urchristlichen Personenbegriffs auch für Personen halten. Doch es ist für uns Menschen heute unmöglich, die zeitbedingten Bilder und Sinnbilder, mit und in denen man in biblischen Zeiten die Engel wahrnahm, von der bloßen, reinen Erfahrung zu trennen. Das heißt: Wir wissen, dass vieles an der Vorstellung von Engeln zeitbedingte Anschauungen sind, zum Beispiel, dass Engel Flügel haben oder im Himmel „Halleluja" singen.

Dass die Menschen bestimmte Erwartungen und Vorstellungen haben, die in jeder Engelserfahrung aktiviert werden, kann man besonders daran sehen, dass zu Anfang und zum Schluss jede Engelsbegegnung fast gleich verläuft: Der Mensch erschrickt und fällt zu Boden, wenn er den Engel erkennt; der Engel richtet ihn auf (oder sagt: *„Steh auf!"*) und sagt: *„Fürchte dich nicht!"* (Hab keine Angst). Dann stellt der Engel sich zumeist mit seinem Namen vor. Am Ende ist der Engel meistens spurlos verschwunden. Die Tatsache, dass alle Engelserscheinungen ganz ähnlich verlaufen, besagt nun nichts darüber, ob sie erfunden sind oder nicht. Vielmehr liegt gerade in der Regelmäßigkeit, mit der das Schema eingehalten wird, eine Bestätigung dafür, dass es sich wirklich um eine Engelserscheinung handelt. Dazu gehört manchmal auch, dass eine Erscheinung dreimal stattfinden muss, um glaubwürdig zu sein.

Die Verflechtung von aktueller Erfahrung und herkömmlicher Erwartung ist so eng, dass wir das eine nicht vom anderen trennen können. Insbesondere können wir nicht sagen, alles Konventionelle habe sich nicht ereignet. Vielmehr gehört zu jeder intensiven Erfahrung immer ein großer Anteil von erinnerten älteren Erfahrungen oder Schemata. Aus diesem Grunde ist eine sogenannte Entmythologisierung von Engelsberichten nicht möglich.

Eine solche Entmythologisierung würde bedeuten: Man trennt die konventionellen Elemente von dem, was in der damaligen Situation der Begegnung „wirklich" war. Diese Trennung von angeblicher Schale und wirklichem Kern ist unmöglich. Denn der Kern ist eben nicht eine stets gleichbleibende „Sache". Daher muss es dabei bleiben: Engelserfahrungen sind real, aber zu unterscheiden von „konventioneller", naturwissenschaftlich objektiv zu überprüfender Wirklichkeit. Sie sind stark von Bildern abhängig, darin jedoch gerade nicht hoffnungslos subjektiv.

Engel und Esoterik

So wenig Engel sich objektiv überprüfbar nachweisen lassen, so abwegig ist es, in Radiowellen, Erdstrahlen oder in einem allumfassenden Netz kosmischer Verbindungen Engel zu suchen oder zu finden. Diese Art vorgeblicher Nachweise oder Beweise versucht eine Verbindung von Esoterik und Elektronik. Doch weder das eine noch das andere wird dem Charakter biblischer Offenbarung gerecht.

Das gilt auch für alle weiteren Versuche der Esoterik, sich der Engel zu bemächtigen. Zweifellos gibt es uns unbekannte Mächte und Kräfte. Und es mag auch Praktiken geben, mit ihnen umzugehen. Aber es ist nicht möglich, diese einfach „Engel" zu nennen. Denn nach dem Verständnis der Bibel ist Gott der Herr aller Geister. Und weil nur er der Herr ist, sind Menschen nicht befugt, mit irgendwelchen Praktiken, zum Beispiel der Nekromantie (Beschwörung von Totengeistern) hier selbstständig einzugreifen.

Wer immer etwas mit „Geistern" zu tun haben will, muss sich an ihren Herrn und Gott wenden und die Wirklichkeit dieser Mächte streng vom Glauben an Gott her verstehen.

Diejenigen der Geister, die Gott den Menschen schickt, nennen wir Engel. Die Bibel sagt uns, dass diese uns nicht zur Verfügung stehen, etwa zu Interviews, sondern dass sie Gottes Wort hören und an die Menschen überbringen oder das Befohlene ausführen.

Weder unterhalten sich die Engel mit Menschen noch antworten sie auf Sachfragen. Sie sind sehr einseitige Übermittler der Botschaft.

Wenn mir Esoteriker ihre Engelserfahrungen beibringen möchten, antworte ich: „Ich will und kann nichts verbieten oder verhindern, ich ahne nur bestenfalls Belanglosigkeit. Woher wissen Sie, dass es sich um gute Mächte handelt? Dass das wahr ist, was Sie da erfahren haben wollen?“ Die Bibel sagt, dass sie alles enthält, was Gott uns mitteilen will. Die Schätze der christlichen und jüdischen Spiritualität sind übergroß und überreichlich. Es sind mehr, als ich in einem kurzen Leben heben könnte.

Erkenntnis durch Engel?

Engel sind ein wichtiges Bindeglied zwischen Gott und der Welt. Das betrifft vor allem ihre Funktion als Offenbarer. In den meisten Fällen dienen sie Gott, die Menschen zu informieren. Sie vermitteln den Menschen Einsicht in das, was Gott wirkt oder eben in das, was notwendig ist. Auch die Einsicht in Gottes Willen vermitteln sie. Sie stehen dafür, dass dem Menschen viele Geschehnisse, welcher Art sie auch immer sind, nicht stumm und unbegreiflich bleiben. Die Engelserfahrung steht für geschenkte Einsicht. Mustergültig kann man diese Rolle der Engel beim Ostergeschehen beobachten. Nach Matthäus 28,2–4 steht die Erscheinung, die Epiphanie des Engels (mit dem Erdbeben, dem Wegrollen des Steines, der strahlenden Gestalt) in Kontrast zum unsichtbaren Wirken Gottes bei der Auferstehung Jesu, die nach Matthäus wohl aus dem verschlossenen Grab heraus geschah. Das eigentliche Wirken Gottes, die Auferweckung Jesu, ist unsichtbar und unerfahrbar. Der Engel aber bringt durch die überwältigende Art der Erscheinung und durch seine Botschaft den Menschen die Offenbarung des Wirkens Gottes.

Heilsgeschichte und Alltag

Die heilsgeschichtlichen Eingriffe Gottes beschränken sich auf wenige epochale Ereignisse. Aber die Weise, in der Gott in den vielen profanen Situationen des Alltags hilfreich oder strafend gegenwärtig ist: Das genau ist der Ort der Rede von den Engeln. Die Offenbarung des Johannes stellt das ebenso dar. Die Engel zeigen, wie Gott noch einmal auf ganz andere Weise wirkt. Das geschieht keineswegs durch Wunder, sondern durch natürliche Ereignisse – nach der Offenbarung des Johannes etwa durch Allerweltskatastrophen. Doch geht es nach Ansicht vieler anderer Texte der Bibel nicht nur um Katastrophen. Vielmehr gilt:

Dass ein Engel erfahrbar wird, bringt auch Gottes schützendes Handeln am Einzelnen im Alltagsleben ans Licht. Der Engel vermittelt uns die Einsicht: Es ist Gott, der dich führt.

Um welches Handeln Gottes geht es da? Um Gottes unfassbares Handeln jenseits von Geschichtsgesetz und Naturgesetz? Nicht in erster Linie: Auch um Gottes persönliche Verbindung zu unserem Alltagsleben. Gott ist unfassbar – eben nicht allein im großen Maßstab, sondern auch im leisen, verborgenen Wirken der Engel. Die Rede von Engeln steht dafür, dass wir von diesem Wirken doch Spuren entdecken, dass das Geheimnisvolle Licht für uns wird.

Das ist dann ganz so, wie Martin Luther es in seinem Abendsegen zum Ausdruck bringt: „Dein heiliger Engel sei mit mir, dass der böse Feind keine Macht an mir finde." Oder wie es Tobit 5,22 sagt: *Ein guter Engel wird mit ihm ziehen*. Aber selbst im Tobitbuch offenbart sich der leibhaftige Freund erst im Nachhinein (12,15) als Engel Gottes. Das beobachteten wir auch sonst: Immer erst im Nachhinein erweist sich, ob in einem Vorgang Gottes „Hand“ im Spiel gewesen ist.

Dazu gehört insbesondere die Anschauung vom Schutzengel.

Jeder Mensch hat einen Engel – die Schutzengel

Es geht mir in der Folge darum, eine Brücke zu schlagen zwischen der immer noch sehr volkstümlichen Vorstellung vom Schutzengel und der Theologie. Offenbar hat sich die Theologie wissenschaftlich nur mit den „großen“ Themen (zum Beispiel der Versöhnungslehre) abgegeben, die Seelsorge aber weitgehend der Psychologie überlassen. Sie redet zwar von Gottes Liebe zur Menschheit, lässt aber den Einzelnen ohne konkreten Schutz durch Gott. Sie hat sich sozusagen mit dem Makrokosmos beschäftigt, aber übersehen, dass der Einzelne und die Sorge um ihn einen Mikrokosmos darstellt, der ein Abbild des Großen ist. Für unser Thema ist das deshalb wichtig, weil die Art, in der sich Gott um jeden Einzelnen kümmert, ein Abbild und ein Spiegelbild seiner Weltregierung im Ganzen ist. Gott liebt nicht nur die „Menschheit“ ganz allgemein, sondern ist konkreter Schutzherr jedes Einzelnen.

Die Bibel und auch die Volksfrömmigkeit nehmen an, dass die Art, in der sich der große Gott um Kleines kümmert, durch die Vermittlung der Engel geschieht. Man muss das nicht annehmen, aber man darf das tun. Vielleicht erleichtert es den Glauben an den großen Gott, wenn wir das so annehmen. Denn sonst könnten Menschen fragen: Wie ist es möglich, dass sich Gott gerade um meine Kleinigkeiten in dieser Situation kümmert? Seine sanfte, große Macht ist gerade in solchen kleinen Situationen erfahrbar.

Im Unterschied zum Heiligen Geist, der Menschen zu Gottes Kindern macht, uns die Kraft zur Liebe gibt und der unseren Leib in der Auferstehung ergreift und verwandelt, geht es bei Gottes Engeln um die Schutzmacht, die Böses abwehrt.

Wenn wir, was Gottes Vorsehung betrifft, zwischen Mikro- und Makrokosmos, dem Leben des Einzelnen und der großen Geschichte, unterscheiden und den Schutzengel dem Mikrokosmos zuordnen, zeichnen wir ein Stück Religionsgeschichte des Gottesvolkes nach. Denn im alten Israel ist Gott der Gott dieses Volkes und damit aller Kinder Abrahams. Sein Engel hat, wenn er zum Beispiel zu den Erzvätern gesandt wird, immer Bedeutung für den Einzelnen und für alle anderen Kinder Abrahams. Im Verlauf der Geschichte, spätestens seit dem Exil, ändert sich das: Man erkennt immer mehr, dass Gott, der Schöpfer, auch bleibend für die ganze Welt zuständig ist, ja seine Herrschaft am Ende durchsetzen wird. Hand in Hand mit dieser „Globalisierung" geht die steigende Bedeutung Gottes für jeden Einzelnen einher. Damit wird die Fürsorge Gottes einerseits weltweit, andererseits erfasst sie jeden Einzelnen. Im Zusammenhang mit der Rolle des Einzelnen wächst auch die Bedeutung der Engel. Denn in ihrer Gestalt und durch sie wird der universale Gott spürbar. Wo also früher der Gott des Volkes Israel stand, nimmt der Gläubige jetzt den Gott an, der die ganze Weltgeschichte lenkt und zugleich den Weg jedes Einzelnen.

Mit Makrokosmos bezeichnen wir die große Welt- und Heilsgeschichte, mit Mikrokosmos den Weg des Einzelnen in seiner Familie und Umwelt. Gott wirkt im Makrokosmos, etwa bei der Schöpfung, und im Mikrokosmos dadurch, dass er jedem einzelnen Menschenkind bei der Entstehung seine Seele einhaucht. Im Makrokosmos geschieht die Heilsgeschichte und darin die Sendung von Propheten und die des Gottessohnes, im Mikrokosmos die Begleitung durch den Engel, die Behütung und das Erinnern. Im Makrokosmos geht es um die Einheit der Christen und der Menschheit, im Mikrokosmos um den Segen auf dem Haus und den Früchten der Arbeit. Im Makrokosmos sind Ende und Gericht universal, und die Engel sind am Gericht als „Tribunal" beteiligt. Für den Einzelnen ist das Ende die Todesstunde. Und auch hier spielen Engel eine wichtige Rolle: Sie geleiten den Verstorbenen zu Gott.

Es gibt Theologen, die davon ausgehen, dass in der Todesstunde zwischen guten und bösen Engeln gestritten wird, auf welche Seite der Verstorbene gehört; so auch im Judasbrief des Neuen Testaments.

Für die Schutzengel-Vorstellung kann man etwa Matthäus 18,10f in Anspruch nehmen: *Hütet euch davor, gegen eines dieser Christenkinder überheblich zu sein. Ich erkläre euch: Sie haben sehr gute Beziehungen zum Himmel, denn ihre Patrone sind Engel, die meinem himmlischen Vater allezeit direkt ins Gesicht sehen.*

Die Betonung liegt an dieser Stelle allerdings darauf, dass der Engel jedes einzelnen Christen direkt vor Gott steht, also ein Angesichtsengel ist. Das bedeutet: Wer diesen Christen behelligt, soll bedenken, dass er über seinen Engel „sehr gute Verbindungen" zu Gott hat. Das heißt: Der Engel schützt nicht direkt. Aber über den Engel hat jeder Christ einen „kurzen Draht" und einen nur kleinen Weg zu Gott. Im Falle, dass dieser Mensch bedroht ist, wird daher Gott für ihn Partei ergreifen.

Die andere Hälfte der Schutzengel-Vorstellung wird belegt durch Psalm 91: *Seinen Engeln hat er ja zu deinem Schutz befohlen, dass sie dich behüten auf allen deinen Wegen, dass du mit deinem Fuß nicht stößt an einen Stein.* Hier ist von den Engeln im Plural die Rede. Daher kann man sich für die Anschauung, dass jeder Einzelne einen Engel hat, auf Matthäus 18,10 stützen, für den Schutz vor allem Bösen aber auf Psalm 91.

Die Art, in der die wissenschaftliche Theologie mit Engeln umgeht, insbesondere mit Schutzengeln, offenbart zweifellos eine große Praxisferne. Der bekannte Kommentator des Matthäus-Evangeliums Ulrich Luz erklärt dazu in der ökumenischen Kommentar-Reihe: Die Schutzengel-Vorstellung wurzele „in einem vergangenen Weltbild", und man müsse deshalb auf die konkrete Schutzengel-Vorstellung verzichten. Matthäus 18,10f besage nur etwas über die besondere Nähe Gottes zu den Niedrigen und Verachteten (Kommentar III 32f). Dieser sozialethischen Entsorgung der Schutzengel-Vorstellung steht auch die reformatorische Tradition entgegen. Es wurde schon erwähnt, dass Martin Luther über Schutzengel predigte. Und zu fragen ist, ob die Frage nach den Engeln eine ist, die in Abhängigkeit vom Weltbild beantwortet werden muss. Ich glaube das nicht. Die Existenz von Engeln ist nicht davon abhängig, ob die Erde um die Sonne kreist oder umgekehrt. Sie ist eine Frage des Gottesbildes. Eine Frage nach dem Verhältnis zwischen Gott und Mensch, eine Frage danach, ob und wie Gottes Wirken in der Welt Spuren hinterlässt.

Sind Engel also nur eine Vorstellungshilfe? Wer so fragt und dann gegebenenfalls Ja erwartet, der stellt die falsche Frage. Denn hier kann man nicht trennen zwischen der „eigentlichen Sache" und der „bloßen Vorstellung": denn die „eigentliche Sache" ist für uns Menschen abgesehen von Visionen und Auditionen nicht greifbar. Und dass es sich um „bloße Vorstellungen" handelt, ist durch die Verankerung in der Offenbarung ausgeschlossen. Folglich wird man anders deuten müssen: Die Erfahrungen von Macht und Geborgenheit, von Schutz und Behütetsein drängen sich geradezu auf. Sie werden gedeutet im Lichte der Aussagen der Bibel. So werden Erfahrungen geklärt, religiös eingeordnet und notfalls auch kritisch beurteilt. Die Offenbarung ist der Maßstab. Die Klärung und Sortierung unserer Erfahrungen und Vorstellungen durch die Bibel ist ein Vorgang, der mit Wahrheitsfindung zu tun hat. Im Licht der Bibel sehen wir in den Engeln helle Mächte, die wir als Gottes verlängerten Arm bezeichnen können.

Wie wohl Gott also durch seinen Engel wirkt? In manchen Geschichten des Alten Testaments sorgt er dafür, dass dort, wo man meint, nur auf den Zufall angewiesen zu sein, ein Engel das Gelingen bewirkt. Und gewiss beziehen das die Leser dieser alten Geschichten auch auf sich selbst: Wo zum Beispiel so Wichtiges auf dem Spiel steht wie der künftige Lebenspartner, lässt Gott uns nicht allein. Er führt uns durch seinen heiligen Engel. Die Weise, in der Gott in den vielen „weltlichen“ Situationen des Alltags hilfreich oder strafend gegenwärtig ist, das genau ist der Ort der Rede von den Engeln.

Jede einzelne Situation unseres Lebens ist komplex, das heißt: Verschiedene Ursachenketten treffen zur gleichen Zeit zusammen. Gott fügt durch seinen Engel, indem gerade aus dieser Situation Unerwartetes, Rettendes zutage tritt. Etwa wenn ich unter meinen vielen Papieren ein wichtiges Dokument suche und dann wider Erwarten gerade am richtigen Ende des Arbeitszimmers anfange zu suchen. „Gott sei Dank“, sage ich dann.

Anders ausgedrückt, unter Einbeziehung der Diskussion um Zufall: Vielleicht besteht das unmessbare, stille und verborgene Wirken von Gottes Engeln darin, dass Gott auf diese Weise bestimmte Kausalreihen so begünstigt, dass etwas Bestimmtes entsteht und nicht be- oder verhindert wird. Ich rede von „Begünstigung“, weil sie sich hier wie auch sonst kaum nachweisen lässt. Weil sie darin besteht, dass Gott (durch seinen Engel) werden lässt, Möglichkeiten zu Sein, Wachsen und Gedeihen eröffnet und nicht verschließt. Dass bestimmte hinderliche Einflüsse oder Hemmnisse nicht auftreten. Zumindest das Fehlen oder Ausbleiben solcher negativen Einflüsse kann man ja positiv erkennen und „beweisen“.

Nach Romano Guardini kennzeichnet Engel „der liebende Blick“, der bei ihnen aus dem Sehen Gottes werde; sie seien den Menschen „zugewandt in liebender Sorge“. Das aber sei eben etwas anderes als ein gleichgültiges Herabschauen.

Nein, Engel sind Mächte und nicht zuerst lieb. Sie sind je nach Zusammenhang immer ähnlich wie Gott selbst. Doch nicht nur die Strafengel der Apokalypsen fehlen bei Guardini. Es gibt keine biblische Aussage, nach der die Engel einfach für die Liebe Gottes zu den Menschen stehen. Nein, der ganze Reichtum, die ganze Vielfalt des biblischen Gottesbildes überträgt sich auch auf die Engel. Nach den Evangelien werden sie auch Gottes Gerichtsdiener sein. Liebende Sorge kann ihre Aufgabe sein, muss es aber keineswegs.

Engel in der neueren Debatte

Vor wenigen Jahrzehnten noch lernte man im Studium der Theologie (auch der katholischen), dass es Engel nicht gäbe. Texte, in denen Engel vorkamen, mussten deswegen von vornherein als Legenden eingestuft werden und damit als Texte, die sehr wahrscheinlich nicht auf der Wahrnehmung objektiver Tatsachen beruhen. So hält man in der sogenannten Kritischen Forschung Berichte über Mariä Verkündigung für genauso legendär wie solche über das leere Grab und die Himmelfahrt. Denn in allen diesen Berichten wird von Engeln erzählt. Den Wirklichkeitsgehalt derartiger Texte stufte man bei Null ein. Diese Art von aufgeklärter Theologie betrachtete sich selbst als „gelehrt", da man ja angeblich auf die Formen und Gattungen achtete und formgeschichtlich exakt von „Legenden" zu reden meinte. Man hatte nur übersehen, dass es sich dabei um Zirkelschlüsse handelte. Vom Stichwort Engel ausgehend postulierte man die Gattung Legende, um dann behaupten zu können, die Sache sei gar nicht passiert.

Jedoch ist die Wirklichkeit Gottes keine real sichtbare, sondern eine unsichtbare Welt, in der allein die Augen des Herzens taugen und sehen. Wer das Neue Testament aufschlägt, begibt sich in diese Welt. Sie wird zugänglich in Visionen, in Wundern, in einem Buch wie der Offenbarung des Johannes. Wer Wunder, Engel und Offenbarungen wegstreicht, dem bleiben nur Vernunft und Moral.

Die überfällige Anerkennung der Dimension mystischer Tatsachen macht es möglich, bei Berichten mit Engeln nicht einfach von subjektiven oder krankhaften Einbildungen zu sprechen, sondern von einer Wirklichkeit besonderer Art, die eher am Rande der üblichen Realität steht, da sie kausal nicht beweisbar ist.

Wenn zum Beispiel Vertreter des mystischen Judentums den

Weg des Mystikers zu Gott beschrieben, wurden die einzelnen Stationen als Aufstieg oder Abstieg zu verschiedenen weit auseinander liegenden Engelsmächten geschildert. Das Prozesshafte dieses Weges „von Herrlichkeit zu Herrlichkeit" haben auch später Mystiker immer wieder dargestellt. Dazu gehört auch die erlernbare Vorbereitung auf einen mystischen Weg dieser Art, zu dem für einen Mann dann gehört, etwa dreißig Tage lang nichts zu sich zu nehmen als Wasser und Salat, keine Frau und keine Farben anzublicken, auf dem Boden zu sitzen und bestimmte hebräische Gebete zu wiederholen.

Die Wirklichkeit der Engel ist nicht naturwissenschaftlich oder mit Hilfe der Kausalität zu beschreiben, sondern eher phänomenologisch. Das heißt: Dieser Bereich der Wirklichkeit hat offenbar eigene Regeln und Seinsbedingungen. Sie sind nicht von anderen Wissenschaften her zu diktieren. Wir fahren daher fort mit einer eben am Phänomen selbst orientierten Beschreibung.

Die Rolle der Engel – Grundaussagen

Die Engel stehen nach der Bibel im Rahmen der Gotteserfahrung im Schnittpunkt vier zentraler Gegensätze und Spannungen im Gottesbild selbst. Es geht um folgende Spannungen:

Viele – Einer
Distanz – Nähe
Der gute Gott – Die Mächte des Bösen
Licht – Finsternis

Um diese Gegensatzpaare geht es der Reihe nach im Folgenden.

Viele – Einer

Der eine Gott steht den vielfältigen religiösen Erfahrungen besonders im Alltag der Menschen gegenüber. Damit besteht auch eine Spannung zwischen der unfassbaren Grenzenlosigkeit Gottes und dem begrenzten Horizont unserer Lebenserfahrungen. Das ist auch die Spannung zwischen der strengen Verbindlichkeit des Glaubensbekenntnisses und der individuellen, zeitgebundenen Erfahrung des einzelnen Menschen. So stehen sich hier auch die potentielle Überforderung des Menschen und der Schutz durch den Engel Gottes gegenüber.

Für die Alltagserfahrungen, die Begrenztheit, scheinbare Zufälligkeit und Zerbrechlichkeit der Lebenserfahrungen steht die Rede von den Engeln als Gottes Helfern in der Welt.

Distanz – Nähe

Wo Gott den Menschen durch Engel etwas sagt oder ihnen hilft, ist die Distanz durch Nähe überwunden. Diese Nähe kann dann freundlich oder potentiell gefährlich sein, letzteres wie etwa bei der Gesetzgebung am Sinai.

Mit „Nähe" meine ich nicht „Liebe". Die Engel repräsentieren – wie schon im Widerspruch zu Guardini angedeutet – nicht die Liebe Gottes, sondern seine Hoheit und Gottheit. Nach der frühjüdischen und rabbinischen Anschauung wenden sich die Engel sogar stets gegen Gottes erbarmende Liebe zu den Menschen. So entsteht eine Rivalität zwischen Engeln und Menschen. Auch im Neuen Testament sind die Aussagen, zum Beispiel über die Engel in Gerichtsfunktion, nicht geeignet, die Engel als Ausdruck der Liebe Gottes zu den Menschen zu sehen. Mithilfe seiner Engel befasst sich Gott mit den Menschen, und zwar freundlich oder streng. Eben so, wie er selbst ist.

Noch einmal: Die Weise, in der Gott in den vielen „weltlichen" Situationen des Alltags hilfreich oder strafend gegenwärtig ist, das genau ist der Ort der Rede von den Engeln. Sie vermitteln den Menschen Einsicht in das, was Gott wirkt und will.

Der gute Gott – Die Mächte des Bösen

Weil die Engel im wesentlichen Gottes Kontaktorgan zur Welt sind, haben sie ihren Anteil am Bösen, das in der Welt herrscht. So gibt es eben böse und gute Engel. Insofern sind gerade die Engel durch den Grundkonflikt von Gut und Böse selbst betroffen und geteilt. Die unsichtbare Welt ist zweigeteilt, auch wenn Michael den Sieg im Namen und Auftrag Gottes schon errungen hat.

Zur Erläuterung: In den abrahamitischen Religionen gilt das Reich der unsichtbaren Mächte nicht einfach als „gut". Die Wahrnehmung, dass es im Heidentum „falsche" Götter gibt, die dem einen Gott zu Unrecht Konkurrenz bieten, führt zu dem Schluss: Also gibt es gute, lebensfördernde Mächte, nämlich Gott und seine Engel, und böse, lebensfeindliche und menschenfeindliche Mächte, also den Widersacher (Teufel) und seine Mächte. Nur der eine Gott ist der Schöpfer und will das Leben. Wer in Konkurrenz zu ihm steht, verführt die Menschen weg vom Weg des Lebens. Besonders die Propheten haben mit großem Ernst und unter Einsatz ihres Lebens für die Anbetung nur des einen Gottes, des Gottes Abrahams, gekämpft. Zu allen Zeiten war dieser Kampf gegen Götzen aktuell. Die Diktaturen des 20. Jahrhunderts zeigten, was lebenszerstörende Götzen sind.

Licht – Finsternis

Die Engel des Lichts und die Engel der Finsternis stehen sich auf Augenhöhe gegenüber. Ein mittleres Drittes zwischen ihnen gibt es nicht. Zum Inbegriff des Engels gehört, dass er entweder Schwarz oder Weiß ist, niemals grau. Insofern ist mit der Rede von den Engeln immer auch die Entscheidung einer „Stunde der Wahrheit" gemeint. Das hat auch auffordernden Charakter gegenüber uns Menschen, die wir uns oft in diesem „grauen" Bereich befinden.

I
SCHUTZ UND HILFE

Geborgensein: Eine Ahnung von Versöhnung

„Von guten Mächten treu und still umgeben, behütet und getröstet wunderbar" – in Gegenden, die weder Evangelium noch Pfarrer kennen, kommt dieser Text von Dietrich Bonhoeffer an. Auch als Text für eine Todesanzeige ist er verständlich und bewegend.

Gewiss, eine klare dogmatische Aussage enthält er nicht, doch wirkt er für viele einladend. Warum ist das so?

Macht zu erfahren, kann sehr ambivalent sein. Dass eine Macht, auch eine Himmelsmacht, behütet, ist ganz unerhört. Wir erfahren Mächte in der Regel nicht als still und treu. Sondern eher als trügerisch, verräterisch, hinterhältig und nachtragend. – Das ist einmal wildgewordene, entfesselte politische Macht, das ist die Macht der Ideologien (zum Beispiel des Nationalismus, des Rassenwahns), und vor allem die der Süchte. Das ist die ungeheure Macht der Medien, die oft nur dem eigenen Ziel des Profits dienen. Weil jede Macht erfahrungsgemäß beherrscht, verführt und vernichtet, deshalb ist eine behütende Macht die große Ausnahme – und auch eine große Sehnsucht.

Dass man sich den zweifelhaften Mächten anvertrauen kann, wäre neu. Die Mächte, von denen Bonhoeffer spricht, sind aber nicht aufdringlich, beherrschend oder zu Übergriffen aufgelegt. Nein, sie sind vornehm. Sie schützen. Das Schwächere zermalmen sie nicht. Diese Mächte sind nicht betrügerisch und verlogen.

Dass diese Mächte namenlos und gut sind, macht sie sympathisch. Hätten sie Namen, müsste man sich die Namen merken, um ihnen höflich zu danken, sie zu ehren, ihnen gerecht zu werden. Man muss sie nicht „wissen“, sie sind von sich aus gut, ganz gratis, sie zu erleben, ist Gnade.

Sie haben etwas gemeinsam mit dem Charme stiller, unberührter Täler: Sie schützen vor Stürmen und bewahren vor rauen Winden. Sie bewahren nicht vor allem, aber vor dem Schlimmsten. Dem, der schnell hindurch will, erschließen sie sich allerdings nicht. Sie umschließen sanft den Wanderer, der keine Angst haben darf, sich behüten zu lassen. Ihm wird die Angst genommen, die er allein auf weiter Flur hätte.

Die guten Mächte wissen nicht viel von unserer Vergangenheit. Sie sind ganz klar, ohne Wenn und Aber, auf die Zukunft gerichtet, wollen Leben schützen.

Die guten Mächte kennen unsere Sünden nicht, sie richten nicht darüber. Vielmehr decken sie die Sünden und Selbstverstümmelungen sanft zu im Auftrag eines Größeren. Zudecken bedeutet nicht Vergessen. Wie auf einem alten Dorffriedhof werden die Umrisse der Gräber noch sichtbar unter dem sanften Teppich des Rasens, der sie bedeckt. Die Gräber sind da, aber alle die schaurigen Tode, jeder einzelne davon grausam, werden unendlich sanft beschützt. Nur Gott kennt noch die Namen dieser Toten und ihre Gesichter.

Versöhnung der Welt hat ein Anderer, Größerer gebracht. Aber die guten Mächte geben eine Ahnung von Versöhnung. – Die guten Mächte erfahre ich als etwas, das mich aufatmen lässt, das mir die Angst nimmt. Denn wenn ich mich Gott anvertraue, meine ich den unfassbaren Herrn und König eines Reiches von Licht und Gnade, Wahrheit und Frieden. In der liturgischen Einleitung, der Präfation, des Christkönigsfestes wird das so genannt: „… ein Reich der Wahrheit und der Gnade, ein Reich der Gerechtigkeit, der Liebe und des Friedens“. Jedes einzelne dieser Güter ergänzt das andere, alle zusammen haben die Ausstrahlung des Bergens und der Bewahrung von Leben. Gott ist nicht nur ein Name und nicht nur Ursprung des Wortes Gottes, sondern strahlt gerade dadurch Trost und Vertrauen aus, dass ich ihn nicht erfassen und begrenzen kann.

Nikolaus Cusanus (gest. 1464) vergleicht das in einer Meditation mit einem Schatz und meint: Ein endlicher Schatz kann meine Ängste nicht beruhigen. Nur über einem unendlichen, unfassbaren Schatz kann ich zur Ruhe kommen. Denn weil er keine Grenzen hat, wird er nicht aufhören und nicht vergehen. Und schon im Alten Orient nennt man Gottes lichtvolles Reich sein „Schatzhaus".

Schweigen: Das Gute empfangen

Die guten Mächte sind ganz und gar anders als die Welt. Wo die Welt laut ist, schweigen sie. Wo es ganz still wird, konnten früher einige Menschen die Worte der Mächte oder ihren Gesang vernehmen.

Der Lärm in der Welt macht, dass alles Himmlische in unserer Welt still und unerkannt ist. Da spielt auch der Irrtum eine Rolle: Stille sei dem Tod nahe und deshalb ungut. Schweigen können wir uns oft nur noch als unheimlich vorstellen. Im Sinne geheimer Kriegsvorbereitungen. Dass sich etwas zusammenbraut, das sich unheilvoll gegen unser Leben richtet.

Wer weiß noch, dass es eine sehr gute Stille gibt und eine sehr böse Stille, beides Extreme, wie bei fast allen Dingen dieser Welt?

Doch in der Stille und im kleinsten Feld entstehen Gottes Fügungen. Denn es besteht eine enge Beziehung zwischen dem Kleinsten und dem Stillen. Beides wird leicht übersehen und missachtet. In beidem wächst und geschieht das Entscheidende, die Zukunft des Lebens.

Doch im Schweigen werden Worte empfangen, ausgetragen und geboren. Denn tiefstes Schweigen herrschte überall, da kam Gottes Wort vom himmlischen Thron herab (Weisheit 18,14–15).

Im Schweigen entsteht die Liebe, im Schweigen der Nacht entstehen und wachsen die guten Träume. Die bösen, die dort auch entstehen, versuchen wir möglichst schnell zu vergessen.

Im Schweigen wächst das Reich. Aber auch das geschieht unerkannt, ohne Spektakel.

Das meiste von dem, was gedacht und ausgedacht wird, bleibt im Schweigen – man kann es nur den stillen Mächten anvertrauen. Ich nenne die „stillen Mächte“ Gott und seine Engel.

Führung: Hilfe an Wegkreuzungen

Als sie fortgezogen waren, erschien Joseph ein Engel des Herrn im Traum und forderte ihn auf: „Steh auf, nimm dein Kind und seine Mutter und fliehe nach Ägypten. Bleibe dort, bis ich es dir sage. Denn Herodes wird das Kind suchen, um es zu beseitigen.“ ... Nach Herodes‘ Tod erschien Joseph in Ägypten ein Engel des Herrn im Traum, der sagte zu ihm: „Steh auf, nimm dein Kind und seine Mutter und zieh in das Land Israel. Denn die Menschen, die dem Kind nach dem Leben trachteten, sind gestorben.“ (Matthäus 2,13.19)

Tobit 5,3 (Der Vater des Tobias zu seinem Sohn): *„Suche dir einen Mann als Reisegefährten! ... Er ging weg, um einen Mann zu suchen und fand Raphael, einen Engel; er wusste es aber nicht ... Der Engel entgegnete ihm: Ich werde mit dir reisen. Ich bin des Weges kundig ...“.* Wenn man in biblischer Sprache sagt: „Der Herr sei mit dir!“, dann kann man auch sagen: „Sein heiliger Engel begleite dich“. – So geschieht es in Tobit 5,17: *„Mit diesem Manne ziehe hin! Gott aber, der im Himmel wohnt, wird eure Reise gelingen lassen und sein Engel möge mit euch ziehen ... Denn ein guter Engel wird mit ihm ziehen, sein Weg wird erfolgreich sein, und er wird heil wiederkehren.“*

Was die Bibel von Engeln als den Boten Gottes hält, können wir am klarsten aus solchen „Reisesegen“ erkennen. Denn weil der Bote unterwegs zu sein pflegt, eignet er sich gut als Reisegefährte. So erzählt es auch das Buch Tobit. Weil aber auch heute noch jede Reise gefährlich ist, sind Reisesegen und der Schutz der Engel immer noch aktuell. Die vorgelegte Textauswahl ist nur beispielhaft und zeigt doch folgende wichtige Züge:

Der Engel zieht mit, er begleitet. Er ist ja beweglich und wird in der allgemeinen Vorstellung wie in der Kunstgeschichte meist mit Flügeln ausgestattet.

Der Engel wehrt Böses ab. Das Böse kommt von bösen Dämonen und Geistermächten; wir hatten sie oben die bösen Engel genannt. Denn der unsichtbare Bereich ist nach biblischer Auffassung zweigeteilt. Es geht um Leben oder Tod. Im unsichtbaren Bereich ist das viel unerbittlicher als im sichtbaren, wo es verschleiert zu sein pflegt. Es ist paradox: Gerade das, was sichtbar ist, kann man oft kaum durchschauen, das aber, was unsichtbar ist, kennt nur die messerscharfe Alternative gut oder böse. Daher ist der Engel, der auch seinerseits ein Geist ist, der Gegner der bösen Mächte. Der Engel hat also auch eine abwehrende Rolle. Psalm 90,11: *Seine Engel hat Gott zu deinem Schutz befohlen: sie sollen wachen über dich auf allen deinen Wegen. Auf ihren Händen sollen sie dich tragen* ... spricht ausdrücklich vom Schutz auf den Wegen.

Nach der Offenbarung des Johannes, Kapitel 12, stürzt Michael den Satan und seine Engel vom Himmel auf die Erde. Die Folge dieses Grundgeschehens ist: Aus dem Himmel ist der Ankläger der Menschen durch Gottes Erzengel Michael entfernt, aber auf Erden wütet er jetzt um so kräftiger. Der Sieg Michaels über den Drachen, der mit dem Sturz Satans endet, ist auch in Lukas 10,17 vorausgesetzt. Daraus erkennen wir: Mit den Engeln geht es um das Thema des biblischen Dualismus. Das heißt: Hier gilt nur Ja oder Nein, Leben oder Tod, Feindschaft oder Freundschaft. Gerade diese Deutlichkeit ist vielen Menschen heute fremd. Es lässt sich beobachten, dass man gerade an diesem Punkt die Engelsbotschaft verharmlost hat.

Weg oder Holzweg

Nicht selten versteht man heute unter Engeln relativ undefinierbare, „irgendwie positive“ Mächte im Bereich interreligiöser „Spiritualität“. Da die Engel nur Licht oder Strahlung mit sehr unscharfen Grenzen seien, tummeln sich in dieser „Wissenschaft“ Esoteriker und Geschäftemacher. Nach der Bibel ist Gott der *Herr der Geister,* das heißt: Er ist nicht nur der Herr der sichtbaren Schöpfung, sondern auch der unsichtbaren; dazu gehören Engel, Totengeister und alles, was die Bibel Mächte und Gewalten nennt. So wie es nur einen Gott gibt, gibt es auch nur einen Herrn der Geister, der ihnen befiehlt. Wenn man über dem Schwärmen für Engel deren Herrn, den *Herrn der Geister* vergisst, hält altes Heidentum neu Einzug. Das gilt besonders, wenn man „mit Engeln therapeutisch arbeitet" oder meint, sich auf Privatoffenbarungen (Engelsbotschaften) beziehen zu können. Da Engel nicht mit Dogmen verbunden zu sein scheinen, findet man im Unterschied zu den streng geregelten Feldern der Lehre von der Dreieinigkeit, der Sakramente oder gar der interkonfessionellen Streitigkeiten hier eine freie Wiese, auf der man alles sagen, treiben und erfahren darf. Für viele Menschen ist die Engelsverehrung daher eine Möglichkeit dogmatisch unregulierter Frömmigkeit geworden, zu der die Kirche nichts zu sagen hat. Das gilt dann um so mehr, als viele sogenannte aufgeklärte Theologen über Jahrzehnte hin erklärt haben, der Glaube an Engel sei ein unaufgeklärtes Relikt.

In Wirklichkeit aber gilt gerade auf diesem Feld nicht die freie Interreligiosität. Denn der originale Beitrag von Judentum und Christentum zum Bereich der „Geister" ist dieser: Niemand bestreitet, dass es Geistermächte gibt. Aber dieses Feld ist, wie gesagt, zweigeteilt zwischen gut und böse. Paulus redet deshalb auch von *Engeln des Satans,* die wie Engel des Lichts auftreten, und von dem Engel Satans, der ihn (in seiner Krankheit) mit Fäusten traktiert.

Die Bibel hat stets Kriterien zur Unterscheidung der Geister angeboten. Diese bestehen immer in den *Früchten,* konkret gesagt: in Leben, Frieden in Gerechtigkeit und der Einheit der Kirche.

Gerade weil die Engel Wegbegleiter sind, darf man ihre Hilfe an Wegekreuzungen erwarten, an denen sich bekanntlich stets die Alternative zwischen Weg und Abweg anbietet.

Frieden: Loslassen der Angst

Im Jahre 1921 hatte der jüdische Philosoph Walter Benjamin ein Aquarell von Paul Klee erworben. Es zeigt frontal einen Engel mit erhobenen Armen und Schwingen. Benjamin führte dieses Aquarell immer in der Brieftasche mit sich. Er schrieb von diesem Bild: „Es gibt ein Bild von Klee, das Angelus Novus heißt. Ein Engel ist darauf dargestellt, der aussieht, als wäre er im Begriff, sich von etwas zu entfernen, worauf er starrt. Seine Augen sind aufgerissen, sein Mund steht offen und seine Flügel sind ausgespannt. Der Engel der Geschichte muss so aussehen. Er hat das Antlitz der Vergangenheit zugewendet. Wo eine Kette von Begebenheiten vor uns erscheint, da sieht er eine einzige Katastrophe, die unablässig Trümmer auf Trümmer häuft und sie ihm vor die Füße schleudert. Er möchte wohl verweilen, die Toten erwecken und das Zerschlagene zusammenfügen. Aber ein Sturm weht vom Paradiese her, der sich in seinen Flügeln verfangen hat und so stark ist, dass der Engel sie nicht mehr schließen kann. Dieser Sturm treibt ihn unaufhaltsam in die Zukunft, der er den Rücken kehrt, während der Trümmerhaufen vor ihm zum Himmel wächst. Das, was wir Fortschritt nennen, ist dieser Sturm."

Am 27. September 1940 beging Walter Benjamin Selbstmord mit Tabletten, unweit der kleinen Grenzstadt Port Bou in den Pyrenäen. Einen Tag zuvor war auf Druck der faschistischen Herren der Geschichte jene letzte kleine Grenzpforte geschlossen worden, die den Verfolgten und Exilierten für ihre Flucht noch zur Verfügung stand. Als man seine Brieftasche öffnete, fehlte das immer von ihm mitgeführte Bild des Angelus Novus, des Engels der Geschichte von Paul Klee.

Dieser Engel kommt vom Paradies und möchte heilen. Er möchte die Toten wecken und das Zerschlagene zusammenfügen. Aber er ist starr vor Entsetzen. Denn sein Antlitz ist der Vergangenheit zugewandt. Er kann sich nicht umdrehen. Er ist wie erstarrt durch das Grauen. Dennoch wird er immer weiter hinausgetrieben vom Sturm des Fortschritts. Die Katastrophen sind nicht zu heilen, und das Entsetzen lähmt. Wider Willen wird der Engel vom Sturm getrieben, und so wird keine Hoffnung erfüllt. Der Sturm, der Fortschritt, verhindert die Berührung des Engels mit der Geschichte. Der Fortschritt, der Sturm, ist unausweichlich, geradezu notwendig. Der Sturm des Fortschritts treibt den Engel immer weiter hinaus. Das einzige, was der Engel tun kann, ist, die Katastrophen zur Kenntnis zu nehmen, die sich vor seinem Blick aufbauen. So lassen wir immer mehr unbewältigte, unversöhnte Trümmerhaufen zurück. Zum Beispiel eine durch den „Fortschritt" zerstörte Natur, dem Fortschritt geopferte Familien und Völker samt ihren Kulturen. Alles das geht unrettbar verloren.

Fortschritt und Frieden sind dabei einander entgegengesetzt. Denn der Fortschritt ist blind geworden für das, was er verbraucht. Ganz augenfällig wird das, wenn riesige Stauseen alte Kulturlandschaften unter sich begraben.

Der Ausdruck „neuer Engel", Angelus Novus, stammt aus der Offenbarung des Johannes und meint dort den Engel, der den katastrophalen Fortgang der Geschichte anzeigt. Der Engel steht dabei – wie immer – für den Aufruf zu Gottes Ordnung. Als rechte Hand Gottes will der Engel, erst recht der neue Engel, nichts anderes als Frieden und Heil. Doch wider Willen kann er nicht versöhnen.

Das „Eingedenk-Sein", von dem der Philosoph Walter Benjamin öfter spricht, ist insofern genau das, wovon Paul Klees Bild spricht: Den Flug der Zeit unterbrechen durch die Sekunde des Rückblicks und der Erinnerung an die Katastrophen. Kein Frieden kommt ohne diese Rückwendung zustande.

Man kann fragen: Wenn Friede und Fortschritt unvereinbar sind und der Fortschritt unaufhaltsam – kann es dann keinen Frieden geben? – Die Antwort: Nur die Unterbrechung, das Innehalten in dieser unaufhaltsam tragischen Bewegung des Fortschreitens kann die Rettung bringen.

Der Engel des Friedens
Besonders die bildende Kunst kennt den „Engel des Friedens", der öfter auch Säulen ziert. Der Ausdruck ist schon der älteren deutschen Literatur geläufig („Zions Friedensengel"). Der Engel des Friedens findet sich in der mittelalterlichen lateinischen Liturgie. Dort heißt es etwa: „Im Namen Gottes, des Dreieinigen, möge euch der Engel des Heils und des Friedens besuchen" oder „Es geleite euch wunderbar Gottes Rechte und er gewähre euch, dass vor eurem Antlitz als euer Begleiter einhergeht der Engel des göttlichen Friedens." Oder in der Auslegung des Osterberichtes vom leeren Grab: „Gott gewähre euch zusammen mit den heiligen Frauen den Wohlgeruch von Tugenden, dass der Friedensengel in eurer Nähe zu euch sprechen darf, und dass ihr die himmlische Schau mit dem Blick des Herzens betrachten dürft."

Die Liturgie und die Kunst kennen zwar den Friedensengel, die Bibel aber kennt ihn nicht. Nirgends findet sich dieser Ausdruck. Wie ist es aber dazu gekommen, und zwar schon in der lateinischen Liturgie? – Nun, es gibt eine ganze Reihe von Engelserscheinungen, in denen der Engel die Menschen mit dem Friedensgruß begrüßt. Das aber ist dann der ganz gewöhnliche Gruß, wie er bis heute von Juden („Schalom") und Arabern („Salam") verwendet wird; das Wort Frieden hat darin eine rein konventionelle Funktion. Deshalb hat schon die griechische Bibel oft übersetzt: „Sei gegrüßt!".

Dass der Engel in diesem Sinne Frieden wünscht, steht zum Beispiel an folgenden Stellen des Alten Testaments: Richter 6,22–23: *Gideon erkannte, dass es der Engel des Herrn war … „Friede sei mit dir! Fürchte dich nicht, du wirst nicht sterben."* Ferner Tobit 12,17 vom Engel Raphael: *„Fürchtet euch nicht! Friede werde euch zuteil! Doch lobt Gott allezeit."*

Dan 10,19: Daniel ist ganz entkräftet, Michael stärkt ihn: *„Fürchte dich nicht, Liebling Gottes. Friede sei dir. Sei stark …"*. Wir beobachten: Der Friedenswunsch steht neben der Aufforderung *„Fürchte dich nicht!"* Die späteren Leser der Bibel verstanden indes die das Gespräch eröffnende Funktion des Friedensgrußes nicht mehr und machten dieses Segensgut zum hauptsächlichen, ja alleinigen Inhalt der Sendung des Engels. Nun, das ist alles andere als ein Vergehen, und diese Akzentsetzung auf den anfänglichen Segensgruß des Engels zeigt nur, wie intensiv man den Frieden als himmlische Gabe ersehnte und dem Engel Gottes zutraute. Der Abschnitt Epheserbrief 2,13ff ist ein gutes Beispiel dafür, wie die Versöhnungsbotschaft mit Frieden zusammengedacht wurde: *Ihr hattet nicht den richtigen Gott und wart ohne Hoffnung … Jesus Christus aber hat Frieden gemacht. Er hat verbunden, was getrennt war. Und er hat die Mauer der Feindschaft zwischen Gott und euch eingerissen. Durch sein Menschsein hat er diese Feindschaft aufgehoben. Die Judenchristen und die Heidenchristen hat er durch sein Leiden zu einem neuen einheitlichen Typ von Menschen gemacht. Er hat beide durch seinen stellvertretenden Tod mit Gott versöhnt, indem er sie zu einer Gemeinschaft wie zu einem einzigen Leib zusammenfügte …*

Setzen wir noch einmal bei der lateinischen Liturgie und ihrem Verständnis vom Engel des Friedens ein. Frieden kann nicht auf der Summe gegenseitiger Schwächen und Fehler beruhen, sondern er bedarf einer starken himmlischen Macht, die ihn stützt und ständig kräftigt. Sonst bricht er zusammen wie ein Dach unter der Last der Schneemassen, und dann kommen alle um, die sich in diesem Haus unter dem Dach des Friedens eingenistet hatten und die darin wohnten.

Und auch dieses: Immer wieder ist im Alten Testament die Rede von dem Engel, den Gott *vor dem Antlitz von Menschen einher sendet* (Exodus 23,20). Im Neuen Testament wird daraus Johannes der Täufer, den Gott vor Jesus zu den Menschen schickt, oder die Jünger, die Jesus zu zwei und zwei vor sich hersendet. In der Liturgie kehren wir zum Alten Testament zurück: Gott sende einen Engel des Friedens vor uns her.

Und schließlich: Der Engel des Friedens soll zu uns sprechen, mit uns reden. Frieden hat immer diesen Aspekt des Redens und Zuredens.

„Frieden“ ist für die Bibel wie für uns ebenso selten wie „göttlich“. Nur Gott kann ihn schenken. Deshalb könnte der Frieden eine unglaubliche Kraft haben. Sie ist nur mit der Schöpferkraft Gottes zu vergleichen. Ich denke dabei an Sätze nach dem Muster: „Wenn zwei unter einem Dach Frieden schließen, dann können sie zu einem Berg sagen: Hebe dich hinweg, und er wird es tun“ (vgl. etwa Thomas-Evangelium 106). Gottes Weg mit dem Menschen ist der Weg des Friedens oder des Verderbens. Die Engel versteht die Bibel als Wegbereiter des Friedens.

Wir haben beobachtet: Der Friedensgruß des Engels ist immer begleitet von der Aufforderung „Fürchte dich nicht!“. Damit sind die entscheidenden Stichworte gefallen, und sie betreffen das Verhältnis von Frieden und Angst. Wo Angst ist, kann kein Frieden sein. Die Bibel hat diese weisheitliche Grundeinsicht in dem Begrüßungsritual bei Gottes- und Engelserscheinungen bewahrt. Diese Angst entsteht zunächst daraus, dass der Mensch nicht Gott oder Engel ist. Etwas Fremdes, Überwältigendes tritt ihm gegenüber. In den überlieferten Begrüßungen scheint das Entgegenkommen des Höheren, das man auch Gnade nennt, vorerst zu genügen, um die Angst zu nehmen. Aber einige biblische Texte wie der schon erwähnte Abschnitt Epheser 2,13ff (siehe oben) gehen tiefer: Sie zeigen, dass der Friede auch zwischen Menschen und Kulturen nur möglich ist, wenn das Verbrechen der Sünde getilgt ist. Das kann nur Gott allein. Insofern ist Jesus nach Epheser 2,13ff (siehe oben) der *wahre Friedensengel.*

„Verbrechen der Sünde“ nenne ich es, wenn Menschen das von Gott kommende Leben nicht weitergeben, sondern in sich ersticken lassen und damit enden lassen. Gott gibt das Leben und die Vergebung, damit wir sie weitergeben. Alle Sünde ist ein Vergehen gegen diesen von Gott gewollten Grundvorgang. Daher ist zum Beispiel unsere Kinderfeindlichkeit eine Sünde: Leben zu empfangen und nicht weiterzugeben.

Befreiung: Die Fesseln lösen

Sie ließen die Apostel überwältigen und in das öffentliche Gefängnis werfen. Doch ein Engel des Herrn öffnete nachts die Gefängnistüren, geleitete die Apostel hinaus und sagte: „Geht in den Tempel, stellt euch dort hin und verkündet dem Volk die lebendige Botschaft ohne alle Abstriche." Die Jünger befolgten den Auftrag des Engels, gingen im Morgengrauen in den Tempel und verkündigten die Lehre. (Apostelgeschichte 5,18–21)

Der Engel des Herrn ist Gottes Repräsentant in der großen Heilsgeschichte. Durch ihn handelt Gott an den großen Wegkreuzungen der Geschichte Israels. Und gerade die frühe christliche Gemeinde, dieser kleine Haufen der Anhänger des kürzlich Gekreuzigten, erfährt ihre eigene Geschichte als große Heilsgeschichte, in der Gottes Engel wunderbare Befreiungen bewirkt. Das heißt: Die Jüngerschar, die sich selbst und ihre Geschichte so wahrnimmt, hat einen großen und schier überwältigten Eindruck von Gottes Wirken in ihrer eigenen Gegenwart.

Dabei begreift sie ganz speziell jede wunderbare Befreiung aus dem Gefängnis ohne Zweifel wie das Geschehen des Auszugs der Israeliten aus Ägypten, ein Schlüsselereignis in der Geschichte Israels, selbst: Unter Führung des Propheten Moses kann Israel der Sklaverei in Ägypten entkommen und gelangt ins gelobte Land. Gott wirkt an der Jüngerschar nichts Geringeres als die Wiederholung der Befreiung aus Ägypten.

Der Engel des Herrn handelt und redet. Er handelt: Er öffnet und führt hinaus. Er redet und befiehlt zwei Dinge: Geht, stellt euch auf und redet. Sein Tun schafft die Voraussetzung, seine Worte mahnen die Jünger zum Zeugnisgeben.

Das Tun des Engels geschieht bei Nacht. Dann ist es in den Gefängnissen dieser Erde am trostlosesten. Aber die Nacht ist auch immer die Zeit der Wende, die Zeit des verborgenen und heilswendenden Geheimnisses. Mitten in der Nacht wird aus Dunkel und Kälte das Licht geboren.

So wird hier der Engel erfahren. Wie beim Auszug aus Ägypten in der Passahnacht: Der Gottesengel ging vor dem Wanderzug Israels einher (Exodus 14,19).

Die Befreiung der Jünger aus dem Dunkel des Gefängnisses wird zum ebenso typischen wie umfassenden Bild dessen, was der Gemeinde überhaupt widerfahren ist. Diese Deutung ist auch für das Geschehen des Auszugs aus Ägypten in Israel immer wieder vollzogen worden. Bis hin ins alexandrinische Judentum zur Zeit der Apostel hat man die Befreiung aus Ägypten gedeutet als Befreiung aus Irrtum und Triebhaftigkeit, aus Tyrannei jeder Art. Im Lichte dieser Auslegung begreift sich das Judentum als Befreiungsreligion. – Diese Deutung des Auszugs aus Ägypten wird fortgeschrieben in der Liturgie der Alten Kirche, die in der Osterkerze ein Abbild des Engels beziehungsweise der Feuersäule, die dem Volk Israel in der Nacht den Weg durch die Wüste zeigte, erblickt und im Lobpreis feiert: „Dies ist die Nacht, von der steht geschrieben: Die Nacht wird hell wie der Tag. Und: Eine Leuchte ist die Nacht meinen Wonnen. Geheiligt ist diese Nacht, zu bannen die Frevel, abzuwaschen die Schuld, den Sündern wiederzubringen die Unschuld, den Trauernden Freude; weit vertreibt sie den Hass, sie eint die Herzen und beugt die Gewalten."

Die Freiheit, die eröffnet wird, ist nicht zu privaten Zwecken geschenkt, sondern zur Fortsetzung der wagemutigen Verkündigung.

Immer wieder wird in der Folge die Befreiung aus dem Gefängnis zum zentralen Befreiungsakt, der für das Ganze der Erlösung steht. Auch Jesus selbst wird als Befreier im Gefängnis verstanden, so in 1 Petrus 3,18f: *Als sterblicher Mensch erlitt er den Tod, doch durch Gottes Heiligen Geist wurde er wieder lebendig gemacht. Dabei hat er auch den Geistern gepredigt, die im Gefängnis festgehalten werden, den Totengeistern der Menschen, die zu Noahs Zeiten lebten …*

Dass Christen die große Heilsgeschichte als Muster für die eigene Geschichte ansehen, kennen wir auch von Paulus: In 2 Korinther 1 bezeichnet er seine Errettung aus Lebensgefahr in Kleinasien als Tat des Gottes, der Tote lebendig macht und Jesus auferweckt hat.

Die Macht, die im Gefängnis befreit, ist unterschiedlich und doch ähnlich:

Der Engel Gottes, die Feuersäule (dargestellt durch die Osterkerze), ein Licht, oder Christus selbst, der Auferstandene.

In jedem Falle geht das Handeln Gottes weit über das biographisch Erkannte und Bekannte hinaus. Typisch für die Gattung der Gefängnisvision ist das Missverhältnis zwischen dem, der die Erfahrung macht, und dem erscheinenden „Befreier".

Rettung: Licht in der tiefsten Nacht

Während Petrus im Gefängnis eingekerkert war, betete die Gemeinde unaufhörlich für ihn zu Gott. In der Nacht, bevor Herodes ihm den Prozeß machen wollte, schlief Petrus zwischen zwei Soldaten, mit zwei Ketten an sie gefesselt. Wächter standen vor der Tür Wache. Mit einem Male stand der Engel des Herrn da, strahlendes Licht erfüllte die Zelle. Der Engel stieß Petrus in die Seite, um ihn zu wecken, und sagte: „Steh auf, schnell!" Da fielen Petrus die Ketten von den Armen ab. Der Engel befahl: „Leg deinen Gürtel um und zieh die Sandalen an!" Petrus tat es. Dann sagte der Engel: „Wirf den Mantel um und folge mir." Petrus folgte dem Engel nach draußen. Er wußte nicht, ob er all dies für Wirklichkeit oder für einen Traum halten sollte. Sie gingen an der ersten und an der zweiten Wache vorbei und gelangten an das eiserne Tor, das zur Stadt führt. Es öffnete sich ihnen wie von selbst. Sie traten hinaus und gingen noch eine Gasse nebeneinander her, dann war der Engel plötzlich verschwunden. Als Petrus zu sich kam, sagte er: „Jetzt bin ich mir ganz sicher. Gott hat also wirklich seinen Engel gesandt, mich aus der Hand des Herodes errettet und vor allem bewahrt, was das jüdische Volk gern gesehen hätte." (Apostelgeschichte 12,6–11)

Die Befreiung vollzieht sich ganz ähnlich wie die vorige. Sie betrifft in diesem Fall aber allein Petrus. Sie ereignet sich wieder nachts. So wird die Gegenwart des Engels durch strahlendes Licht erkennbar. Die Schilderung ist diesmal jedoch viel ausführlicher. Ähnlich wie sonst im Evangelium nach Markus wird die Geschwindigkeit hervorgehoben (*mit einem Male, schnell, wie von selbst, plötzlich*). Petrus reagiert wie an anderer Stelle Menschen in Wundergeschichten im sogenannten Chorschluss (*Wahrhaftig, der Herr hat …*).

Auffällig sind die zahlreichen Übereinstimmungen mit den Ostergeschichten der Evangelien. Von daher erscheinen auch die Ostergeschichten als Befreiungsberichte. Doch bleiben wir zunächst bei dieser:

Die widerständige Materie, die der Engel überwindet, wird zweimal als das Eisen von Ketten und Türen beschrieben. Diese weichen, werden kraftlos, geben ihre Blockade auf. Sie beugen sich lautlos der höheren Gewalt des Engels. – In den Ostergeschichten wird berichtet, wie der Engel den Stein vor dem Grab weg wälzt (Matthäus 28,2). Noch deutlicher wird das im apokryphen Petrusevangelium 37: Als die Engel vom Himmel herabkommen und auf das Grab zugehen *geriet der Stein am Eingang des Grabes von selbst ins Rollen und wich zur Seite. Er gab den Eingang zum Grab frei, und die beiden Männer gingen hinein.*

Die Befreiung ist mit dem Verschwinden des Engels zu Ende, ja, am Verschwinden erkennt Petrus den Engel. Ähnliches gilt auch für andere Engel-Visionen: An der Weise des Verschwindens wird der göttliche Bote erkannt. Die Begrenzung durch den Raum ist aufgehoben: Ein Engel wie auch der Auferstandene können plötzlich verschwunden sein.

Wie das für den auferstandenen Jesus zutrifft, zeigt der Schluss der Emmaus-Geschichte (Lukas 24,31) und ebenso die beiden Abschlüsse der Erscheinung in Lukas 24,50f und in Apostelgeschichte 1,10f. In Lukas 24,51 heißt es vom Erscheinenden: *Er verschwand von ihnen.* – Beim „Himmelfahrtsbericht“ in Apostelgeschichte 1 ist die Weise des Verschwindens nach der Deutung der Engel ein Hinweis darauf, dass Jesus der kommende Richter ist. Immer also hat gerade die Weise des Abschlusses einer Begegnung höchst aufschlussreichen Charakter. Der, der erschienen ist, wird an diesem abschließenden Geschehen erkannt.

Wie bei vielen Osterberichten (besonders Lukas 24: Ist der Erscheinende Jesus oder nur ein Gespenst?) wird die Realitätskontrolle („Identifikationsphase“) wenigstens erwähnt: *Er wusste nicht, ob er alles dies für Wirklichkeit oder für einen Traum halten sollte.* In den Osterberichten geht es darum, ob der Erscheinende ein Totengeist ist oder nicht. In Lukas 24,37 steht für Geist *Pneuma.*

Im weiteren Verlauf von Apostelgeschichte 12,15 glaubt die Gemeinde, als Petrus vor der Tür steht, es sei *sein Engel.* Offenbar ist der Engel an dieser Stelle dasselbe wie der Totengeist in Lukas 24,37. Für die Menschen damals war es von extrem hoher Bedeutung, ob ein Totengeist erschienen ist oder ein Engel – oder gar der Auferstandene mit neuem, verwandeltem, himmlischem Leib. Denn, wie gesagt, der unsichtbare Bereich ist zweigeteilt, dualistisch. Und ein Totengeist ist nichts weiter als ein unheilvolles Wesen.

Zumindest die Schilderung der Osterereignisse in Matthäus 28 hat Ähnlichkeiten mit Befreiungsgeschichten wie Apostelgeschichte 12. Der Engel hat in diesem Bericht eine ähnliche Rolle wie der in Apostelgeschichte 12. Denn in Matthäus 28 wälzt der Engel Gottes den Stein weg, der das Grab Jesu verschlossen hatte: Er wird zum Zeichen der Befreiung Jesu aus dem Grab. Dabei bleibt offen, wie Jesus auferstanden ist. Hat der Engel durch das Wegwälzen des Steins das Grab für Jesus geöffnet? Im Blick auf das apokryphe Petrus-Evangelium könnte man meinen, so sei es gewesen. Doch der Vorgang der Auferstehung bleibt für das Matthäus-Evangelium unfassbar. Das apokryphe Petrus-Evangelium erzählt, wie zwei Engel vom Himmel herabkommen und in das Grab gehen. Dann kommen drei Gestalten aus dem Grab heraus: Die beiden Engel und in ihrer Mitte nun der auferstandene Christus. Das Matthäus-Evangelium hat mit dem apokryphen Petrus-Evangelium gerade die Züge gemeinsam, die die Auferstehung als eine Befreiung durch Engel darstellen.

Die beiden Engel, die nach Petrusevangelium Jesus aus dem Grab befreien, sind Engel wie der in Apostelgeschichte 12. Von dieser Ähnlichkeit zwischen Ostergeschichten und Befreiungserzählungen her ist noch einmal die Predigt Jesu im Gefängnis nach 1 Petrus 3,19 zu betrachten. In der Alten Kirche und in der Liturgie hat man diesen Aufenthalt Jesu im Totenreich mit der nachfolgenden Auferstehung als Öffnung des Totenreichs und daher als Befreiung aller Toten aus dem Gefängnis verstanden.

Lukas hat im übrigen schon am Anfang seines Evangeliums diese Texte im Sinn, wenn Jesus in Nazareth bei seinem ersten öffentlichen Auftreten sagt: *Der Herr hat mich gesandt, zu verkünden den Gefangenen die Freiheit* … (Lukas 4,18)

Der Engel befreit lautlos und unbemerkt (vgl. dazu oben das über die Stille Bemerkte). Aus dem Arsenal typischer Erscheinungsberichte stammt auch die Aufforderung *„Steh auf!"* – Noch ein drittes Mal wird die Apostelgeschichte eine wunderbare Befreiung aus einem Gefängnis schildern: In Apostelgeschichte 16,26 springen die Türen auf, die Ketten fallen ab. Das alles verursacht hier nicht der Engel, sondern ein Erdbeben. Ein Erdbeben ist freilich in biblischer Tradition insofern dem Auftreten eines Engels vergleichbar, als beides Elemente der dramatischen Schilderung von Gottes Kommen (Theophanie) sein können.

Für unsere Betrachtungen über Engel bedeutet das: Gottes Engel retten und befreien. Das Christentum ist eine Befreiungsreligion. Die konkrete wunderbare Befreiung vor Ort vollzieht Gott durch seinen Engel, er überwindet Eisen und Stein.

Überwunden wird mit Hilfe des Engels die härteste Wirklichkeit, und zwar dort, wo sie die Menschen wirklich trifft. Der in Ketten gefesselte Mensch in einem dunklen Gefängnis ist hier zum Inbegriff des verfolgten, angefeindeten Christen geworden. Der Einzelne steht dabei durchaus im Vordergrund.

Viel zu wenig wird bei der Erörterung der Texte des Neuen Testaments gewürdigt, wie sehr auch der Alltag der frühen Christen geprägt war durch Gefängnisaufenthalte – zumindest der jeweiligen Gemeindeführer. Es handelt sich um traumatische Erfahrungen früher Christen. Und deshalb wird die Befreiung aus Ketten zum Urbild der Erlösung. Auch in Rom wird man später eine Kirche „Sankt Petrus in Ketten" nennen.

Die staatlichen Organe werden nicht an der Spitze bewegt, sondern an der Basis, dort, wo sie zugreifen. Nicht in den Palästen, die erwiesenermaßen zu allen Zeiten gleich sind und in denen stets Ähnliches geschieht, sondern dort geschieht das Entscheidende, wo die staatliche Gewalt direkt dem einzelnen, schwachen Menschen gegenübersteht. Das antike Gefängnis ist ein Ort äußersten Elends, und daher ist es der schäbigste Ausdruck großer Machtausübung. Die Engel markieren die Weise, in der Gott hier eingreift.

Dass auch heute Gefängnisse der Schauplatz von Christentum sind, wird allzu leicht vergessen. Hier entscheidet sich noch immer, was Befreiung und Erlösung ist, und das umfasst die ganze Breite der Erfahrung von Elend. Dreck, Krankheit, Verkommenheit, Kälte, Ungeziefer, Hunger gehören dazu – und im Kontrast dazu stehen Licht und Wärme.

„Gefangenschaft" wird dann auch in all den Schichten und Nuancen, die das Wort haben kann, zum Bild für das Vorher (bevor ein Mensch zum Glauben findet) im Gegensatz zum Nachher.

Der Engel Gottes ist das Licht in der tiefsten Nacht, und ihm gehorchen die Elemente. Der große, unfassbare Gott wirkt so direkt zur Lösung aller Fesseln, der äußeren, eisernen, wie der inneren. So wird die Befreiung durch den Engel zu einem Grundgeschehen der Erfahrung der Wirklichkeit der Welt und Gottes für frühe Christen.

Dieser Aspekt des Glaubens findet im übrigen auch seine diakonische Umsetzung: Die Gefangenen zu besuchen, das gehört im frühen Christentum zu den Werken der Barmherzigkeit. Selbstverständlich sind damit ganz konkret inhaftierte Christen gemeint. So wird dann auf dieser Ebene auch der eine für den anderen mehr oder weniger zum Engel (Matthäus 25,36b: *Ich war im Gefängnis und ihr habt mich besucht*).

Der Engel Gottes ist nicht einfach da. Er nimmt bei der Hand, führt hinaus, ermutigt und erinnert an die Pflicht zum Zeugnis. Es geht um etwas Wunderbares, das wir nicht festhalten können. Und in jedem Falle geschieht es aber nicht ohne uns, sondern durch uns Menschen hindurch. Wenn wir geführt werden, wenn Hindernisse entfallen, wenn wir Anstöße empfangen, dann sind doch wir selbst diejenigen, die gehen, empfangen und sich ermutigen lassen. Insofern ist die Führung aus der Gefangenschaft durch Gottes Engel von Heilungswundern etwa zu unterscheiden.

Stärkung: Erneuerung der inneren Kraft

*Jesus betete: „Vater, wenn es dein Wille ist, mach, dass ich diesen bitteren Leidenskelch nicht trinken muss. Doch nicht nach meinem, sondern nach deinem Willen soll es gehen.“ Da erschien ihm ein Engel Gottes und stärkte ihn. Jesus geriet in Todesangst und betete immer flehentlicher. Wie Blut tropfte sein Schweiß zur Erd*e. (Lukas 23,42–44)

Jesus betet um Verschonung vor dem Leiden. Doch das wird ihm nicht gewährt. Gott bewahrt hier nicht vor dem Leidensweg, aber er gibt die Kraft, ihn zu bestehen. So ist es oft: Gott verhindert nicht die Not, aber er ergreift unsere Hand und führt uns durch alle Not sicher hindurch. Das geschieht hier durch den Engel, der Jesus stärkt.

Hier wie auch später, als die Gemeinde für die Befreiung Petrus' betet, ist der Engel Gottes prompte und überraschende Antwort auf das Gebet.

Jesus besinnt sich nicht auf die Stärke, die er in sich hat. Er bittet auch nicht um einen Engel, wie er das in der Überlieferung der Passion nach Matthäus überlegt und abweist (Matthäus 26,56). Der Engel erscheint plötzlich.

Man kann fragen: Hat der Gottessohn die Stärkung durch den Engel nötig? Ja, er ist ganz Mensch, und auf seinem Weg durch das Leiden ist er gerade nach Lukas Vorbild aller Märtyrer. Ihm ist es nicht besser ergangen als ihnen. Der Abstand zwischen Gott und Mensch bleibt gewahrt.

Auffällig ist: Jesus betet nicht in der Situation der konkreten Bedrohung und Angst, sondern bevor die Angst kommt, im Bewusstsein, das sie kommen wird. Dann empfängt er Kraft, dann besteht er die Angst. – Er wird vor der Angst gestärkt und so führt die Angst nicht zu Hoffnungslosigkeit.

Jedenfalls empfängt Jesus die Kraft zur Geduld, die Kraft, Schläge hinzunehmen, die Kraft zu warten und zu ertragen. Wenn selbst Jesus diese Stärkung nötig hatte, wie viel mehr erst jeder andere schwache Mensch! Wir benötigen diese Kraft, denn sie kommt nicht von uns. Wären wir in einer Lage, ähnlich der Jesu nach Lukas 23, so könnten wir beten: „Sende deinen heiligen Engel, Gott, so bist du mir verborgen nahe."

Der Engel, der Jesus stärkt, kommt von Gott. Aber der Engel hat keinen Namen. Und keine dabeistehenden Jünger applaudieren oder kommen zum Glauben. Nichts Spektakuläres geschieht. Die Stärkung Jesu durch den Engel nennt man nicht „Wunder". Denn diese Stärkung geschieht von innen her, eben durch Kräftigung der Widerstandskräfte, die bereits in Jesus sind.

Viele Menschen fragen, warum es heute bei uns keine Wunder mehr gibt. Wunder bezeichnen ein Geschehen, das mit einem Durchbrechen aller Normalität, aller üblichen Erfahrung einher geht. Wunder gehören hauptsächlich in Zeiten und Orte der Mission. Sie sind vor allem darauf ausgerichtet, die Umstehenden zu erbauen und zu bekehren.

Aber das, was Gott hier tut, erregt nicht das Staunen der Umstehenden. Es ist auch keine „Theophanie“ oder „Epiphanie“, bei der Gott erscheint und großartig den Lauf der Dinge auf den Kopf stellt, wie etwa bei den Totenerweckungen angesichts der Kreuzigung Jesu nach Matthäus.

Nein, was hier geschieht, ist sehr persönlich für Jesus selbst gedacht. Und so ist es auch bei jedem Märtyrer, bei jedem Menschen, den Gott persönlich stärkt.

Um den persönlichsten, intimsten Bereich, nicht um das demonstrative Wunder, geht es auch bei der Menschwerdung Gottes in der Verkündigung an Maria. Trotz aller Unterschiede zum stärkenden Engel in der Lukaspassion gilt: Das von Gott gewirkte Geschehen ereignet sich im molekularen Bereich. – Wo der Mensch ganz allein ist, in die ganz persönliche Privatsphäre tritt Gott ein.

Die Stärkung der inneren Kraft Jesu ist ein Weg Gottes, der nun gerade nicht über Wunder führt, der nicht Erwartungen an Regelmäßiges durchbricht, sondern bei dem Gott gewissermaßen hinter Jesus steht und ihm äußerlich unbemerkt Kraft zukommen lässt. Ähnlich ist es, wenn Jesus sagt: Dein Glaube hat dir geholfen. Auch damit meint er etwas, das im Menschen selbst ist und das durch Vermittlung des Herzens wirken kann.

Vielleicht ist das eine Art, in der Gottes Wirken das Zeitalter der missionarischen Wunder ablöst. Vieles, was wir Fügung nennen, gehört dazu: Dass Gott etwas wachsen und werden lässt, dass er Widriges abwehrt.

Nicht großartig, nicht erdrückend, sondern durch eine sanfte Stärkung von innen her wirkt Gott hier.

Jeder Einzelne beim Morgen- und Abendgebet, jeder Mensch in Todesnot, Petrus im Gefängnis, sie alle haben die Verheißung, dass Gott durch einen Engel helfen wird.

Deshalb spricht die Bibel hier vom Engel, der Jesus stärkt. Denn so hilft Gott dem Einzelnen, geht er dem Einzelnen nach in seiner Not, ohne das natürliche Geflecht der Beziehungen zu stören.

Wie bei der Menschwerdung überhaupt gilt hier: Gott greift menschenverträglich ein. Denn die Gestalt des Engels erdrückt nicht, sondern hilft jedem in seinen Begabungen, Schwächen und Grenzen.

Konsequenz für den christlichen Alltag

Im Lichte des Berichtes über den Engel, der Jesus stärkte, können wir auch unser Alltagsleben betrachten: und nehmen es nicht grau in grau wahr, nicht nur flächig, sondern als differenzierte Erfahrung von Nähe und Entferntsein Gottes, als dramatische Geschichte zwischen Sünde und Gnade gerade dann, wenn an der Oberfläche nicht viel zu passieren scheint. Auch die Begegnung mit Gottes Engel geschieht nicht immerzu, sondern hin und wieder. Sie belastet nicht, nimmt weder Raum noch Zeit aus dem Alltag, sondern passiert gerade mittendrin. Dort, wo wir in der Unübersichtlichkeit der Kräfte und Einflüsse, die den Alltag bestimmen oder zu bestimmen scheinen, an unsere Grenzen stoßen. Dort, wo unsere Pläne, Ordnungen und selbsterdachten Maßstäbe versagen.

Nicht wenige Theologen haben gemeint, der Alltag in der modernen Welt sei ohne Religion, ohne Glauben, ohne die Erfahrung und Erfahrbarkeit der Nähe Gottes. Sie nannten das „Profanisierung" (alles ist profan, „weltlich", nichts ist heilig) oder „Säkularisierung" (es gibt nur die „Welt") oder religionsloses Christentum (ohne Zeichen der Erinnerung an Gott). Aber diese Theologen wussten nichts von Engeln. Denn genau sie füllen diesen Bereich von Montag bis Samstag, der sonst leer und ohne Gott zu sein scheint.

Das heißt: die Engelserfahrung ist die Erfahrung Gottes im Alltag. Dass Engel uns stärken, ist die barmherzige Weise, in der Gott, niemand anderes, Menschen im Alltag stützt und schützt. Die alten Christen erkannten genau: Dies ist der Weg, den Polytheismus zu vermeiden, den heidnischen Glauben an die vielen Götter und

Mächte. Bei den Heiden war es üblich, für jede Verrichtung und für jeden Bedarf eine eigene Gottheit anzurufen und die Gottheiten gegeneinander auszuspielen. So war das Alltagsleben religiös bestimmt. Wenn das Christentum nun den Glauben an den einen und einzigen Gott predigte, drohte das Alltagsleben leer und gottlos zu werden. Wie sollte sich der eine Gott um die vielen Nöte so vieler Menschen kümmern? Die Vorstellung von Engeln kann genau diesen leeren Bereich füllen, und zwar sinnvoll, weil die Engel doch Gottes und der Menschen Helfer sind. In der Alltagserfahrung des Wirkens von Engeln können wir ganz wesentliche Gotteserfahrung machen. So kann ich beten: „Sende mir deinen heiligen Engel. So bist du mir verborgen nahe."

Das also ist Engelserfahrung im Alltag: der kraftvolle Ruck, den wir spüren, der sanfte Hinweis auf eine bestimmte Richtung, die Hilfe in der Einsamkeit, die persönliche Kraftquelle zum Weitermachen, wenn andere fragen: Wie kann man das nur überstehen? Ich zögere nicht, dann zu antworten: Gottes heiliger Engel hat mich gestützt, getröstet, geführt. Er hat mich manches Mal am Reden oder Handeln gehindert, zum Warten inspiriert.

Jesus hat den Engel gesehen. Den Engel, der mich stärkt und führt, sehe ich nicht. Denn unsere Kultur ist für die Wirklichkeit der Engel weniger offen als die frühjüdische.

Gerade angesichts des Engels, der Jesus stärkt, kann man kritisch fragen: Was ist das für eine Wirklichkeit, die Jesus da wahrnimmt? Bleibt Jesus uns hier mit dieser Erfahrung ganz oder teilweise fremd? Sind Engel nicht letztlich etwas Schwammiges, Unklares, Unkontrollierbares, gar Krankhaftes? – Ich habe die Wirklichkeit, um die es bei den Wundern, bei der Auferstehung und den Engelserfahrungen geht, mystische Wirklichkeit genannt. Diese ist nicht subjektiv und privat, sondern sehr wohl objektiv, aber nicht naturwissenschaftlich oder in Form von Kausalketten mit ihrem Zusammenhang von Ursache und Wirkung beweisbar. Wie in jeder anderen Wirklichkeit auch, so gibt es auch hier bestimmte Regelmäßigkeiten und typische Zugänge. Man kann sie auch Erlebnis- oder Ereignismuster nennen. Jedenfalls war schon im Mittelalter klar, dass die Wirklichkeit der Engel alles andere als diffus ist, sondern im Gegenteil überklar und konsequent geordnet. Um es zu wiederholen: Grundlegend ist, dass Engel nicht anonyme Kräfte, Wellen, Strahlen oder Schwingungen sind, wie Esoteriker meinen, sondern als ein Teil der Gottesvorstellung prinzipiell personhaft gefasst werden, auch wenn „Person" dabei etwas anderes meint als es der Personbegriff seit Immanuel Kant im 19. Jahrhundert nahe legt. Engel sind deshalb im Sinne der Bibel Personen, weil die der Sprache zugänglich sind – sie können hören, gehorchen und reden – und eine wichtige und unersetzbare Funktion im Miteinander haben. Nach Hebräer 12,22 gehören sie zu den Bürgern der himmlischen Stadt, zu der die Christen hinzugetreten sind. Im Gottesdienst singen wir mit ihnen „mit einer Stimme".

Heilung: Jedem, der will

Von Zeit zu Zeit stieg ein Engel des Herrn in den Teich hernieder und bewegte das Wasser. Und wer dann nach dieser Bewegung des Wassers als erster hineinstieg, der wurde geheilt, mit welcher Krankheit er auch behaftet sein mochte … „Herr, ich habe keinen Menschen, der mich in den Teich bringt." (Johannes 5,5.7)

Raphael ist der Name eines Engels, dessen Name übersetzt heißt: Gott heilt. Ein heilender Engel – das ist eine besonders sympathische Ausprägung des biblischen Gottesbildes. Mitten in Jerusalem gibt es eine Gnadenstätte mit heilendem Wasser. Wie oft hat sich in- und außerhalb der biblischen Religion die letzte Hoffnung kranker Menschen mit der Möglichkeit eines Wunders am Wasser verbunden.

Die Assoziation mit dem Taufengel, der so oft nord- und mitteldeutsche Kirchen schmückt, ist nicht ganz zufällig. Denn die alte

Verbindung von Engeln und Wasser wird dabei wieder lebendig. Wenn nach Genesis 1,2 Gottes Geist über den Wassern schwebte, dachte man sich diesen Geist als mächtigen Engel; denn „Geist“ ist dasselbe Wort wie „Geistwesen“ oder Engel. Konnte man nicht den Nebel über dem Wasser als Verhüllung von Gottes wirksamen Mächten deuten?

Nach Johannes 5 sahen die Menschen in der Quelle im Siloa-Teich Gott als den Heilenden und Barmherzigen wirken. Nur der jeweilige Zeitpunkt der Hilfe blieb Gottes eigenstes Geheimnis. Doch es war kein Zweifel: Gott konnte durch seinen Engel heilend in die Wirklichkeit eingreifen.

Manche Theologen versuchen es an dieser Stelle mit mechanischen oder psychologischen Erklärungen und weisen bedauernd darauf hin, es habe sich eben um Volksglauben gehandelt. Doch wie ärmlich sind solche Erklärungsversuche gegenüber der grandiosen Schönheit des Glaubens der Menschen an diesem Ort: *Von Zeit zu Zeit stieg ein Engel des Herrn in den Teich hernieder und bewegte das Wasser.*

Ich habe diesen Text immer geliebt. Die Schwerkranken liegen da, warten monatelang, es wird Abend und es wird Morgen, viele dämmern dahin. Dann ist da plötzlich ein Schrei: Der Engel. – Das nennt man Epiphanie, plötzliches Erscheinen sonst unsichtbarer göttlicher Macht in fassbarer Gestalt, zur Hilfe für die Menschen. Es besteht eine winzige Chance, geheilt zu werden. Wo so viel Leid und Hoffnungslosigkeit versammelt ist, kann die pure Möglichkeit eines heilenden Engels fast schon Wunder wirken. Der Engel vermittelt Lebenszeichen Gottes. Das lange Warten zwischen den Sekunden der Bewegung des Wassers wird zum Bild für menschliche Existenz. Worauf warten wir? Die meiste Zeit des Lebens warten wir auf das große Wunder.

Viele Fehler, die wir begehen, rühren aus Ungeduld.

Wie mag die innere Verfassung eines Menschen gewesen sein, der achtunddreißig Jahre gelähmt hier gelegen hat? Und wenn dann das Unglaubliche einmal geschieht, verstreicht für fast alle jede Chance. Nur noch ein Wunder kann sie retten. Diese Geschichte ist ein kräftiges Bild der Einsamkeit und Hoffnungslosigkeit des Menschen in der Welt. Dass von Zeit zu Zeit ein Engel das Wasser bewegt, sanft und aufregend zugleich. Eine irre Hoffnung, letzte Instanz für unzählige fast Verzweifelte.

Wir kommen alle einmal in die Lage, dass uns nur noch ein Wunder retten kann. Irgendwann werden das die Ärzte und Krankenschwestern zu unseren Angehörigen oder zu uns selbst sagen: Nur ein Wunder kann ihn, kann sie retten.

Für den Gelähmten nach Johannes 5 hat Jesus die Rolle des Engels übernommen. Ohnehin ist Jesus nach dem 4. Evangelium selbst einem Gesandten oder Boten, also einem Engel Gottes vergleichbar. Aber heilt er öfter als alle achtunddreißig Jahre einmal? Hat sich so viel geändert, seitdem er da gewesen ist? Gewiss wird die Heilung des Gelähmten – der Spitze eines Eisbergs vergleichbar – zum sichtbaren Bild für alles das, was Jesus unsichtbar und sichtbar wirkt. So wird die Heilung durch den Engel zum unvollkommenen Vorbild der umfassenderen Heilung durch Jesus. Denn alle sichtbaren Elemente der Heilung in diesen Hallen werden zum Bild für die umfassendere Heilung: Der Helfer und Bote Gottes kommt vom Himmel, sein Kommen richtet sich an den Wunsch der Menschen, erlöst zu werden. Daher auch die merkwürdige Frage: Willst du gesund werden? Denn sie bezieht sich auf das Ganze, Umfassendere, das Jesus bietet. Und das muss man durchaus wollen. Im Sinne dieses Neuen, Umfassenderen kann es dann auch Schlimmeres geben, als 38 Jahre lang krank zu sein.

Ähnlich weiß es der Hebräerbrief: Der alttestamentliche Hohepriester bewirkte äußerliche Reinheit, der wahre, neue himmlische Hohepriester wirkt umfassende Erlösung. Das Alte ist unvollkommenes Abbild und Vorbild des Neuen. Auch dass der Engel immer einmal wieder, also wiederholt, kommt, hat seine Entsprechung im Hebräerbrief, denn der irdische Hohepriester muss jährlich sein Wirken wiederholen, während Jesus nur einmal kommt, nämlich jetzt, aber bleibt.

So ergeben sich folgende Entsprechungen und Steigerungen dieser Geschichte mit dem Handeln Jesu:

Der Wirkungsort des Engels ist ein riesiges Krankenlager, angefüllt mit hoffnungslosen Fällen. Der Ort der Wirksamkeit Jesu ist die Welt, die unter der Herrschaft des Teufels steht, angefüllt mit Menschen, die nur auf den Tod warten.

Beide vollziehen Gottes heilsamen Willen. Denn von jedem Gesandten gilt: Der Gesandte ist wie der, der ihn sendet.

Der Engel heilt nur den Leib, Jesus heilt den Menschen ganz, vor allem durch Vergebung der Sünden.

Der Engel steigt herab in das Wasser. Jesus ist vom Himmel herabgestiegen auf die Erde.

Der Engel steigt wiederholt herab, unvorhersehbar ist aber, wann er es tut. Jesus steigt einmal herab, und es ist offenkundig, dass er es jetzt tut.

Die Chance, beim Kommen des Engels geheilt zu werden, hat jeweils nur einer, nämlich derjenige, der ihn zuerst erreicht. Bei Jesus haben alle Menschen diese Möglichkeit.

Beim Engel kommt es darauf an, wer ihn als Erster erreicht, denn man muss zu ihm hingelangen. Jesus dagegen kommt selbst zu jedem an das Krankenbett.

Der Engel weckt, wenn er kommt, die letzte Energie, mit der die Kranken zum Wasser eilen. Jesus fragt nur nach dem Lebenswillen: Willst du gesund werden?

Das Elend in der Krankenhalle ist schon unvorstellbar. Noch unvorstellbarer ist das Elend des Menschen, der in die Blindheit der Sünde, das heißt: der Lieblosigkeit, verstrickt ist.

Der Engel ist namenlos, auf ihn kann man nur warten. Jesus hat einen Namen, und er ist da und so gegenwärtig wie Gott selbst, wenn man nur glaubt.

Beim Engel heilt die Berührung mit dem bewegten Wasser, bei Jesus heilt Glaube und die Berührung mit dem Wasser der Taufe.

Der Engel steigt wieder hinauf und bleibt ungreifbar bis zur nächsten Epiphanie. Jesus steigt hinauf zum Vater, aber er wird im Glauben geschaut zu seiner Rechten.

Beim Engel bleibt das Missverhältnis zwischen der dumpfen Hoffnungslosigkeit der vielen Kranken und der geringen Aussicht auf Rettung. Bei Jesus ist es genau umgekehrt, denn jeder kann gerettet werden. Bei Jesus gilt: Gerettet wird jeder, wenn er nur will. Beim Engel: Geheilt wird, wer Glück hat.

Oft scheint dem Wirken von Gottes Engel etwas von dem anzuhaften, das wir „Glück" nennen. Aber Glück ist eine heidnische Kategorie. Die Glücksgöttin ist launenhaft, flatterhaft, ziellos. Ich möchte lieber, da keine ernsthafte Wissenschaft oder Philosophie von Glück oder Zufall spricht, von Gottes Fügung sprechen. In Wirklichkeit meinen wir diese Fügung, wenn wir etwa einem Hochzeitspaar Glück wünschen. – Wir haben soeben in unseren Überlegungen diesen Bereich der glücklichen Fügung durch Gott im Leben unterschieden von der Befreiung und Erlösung durch Jesus Christus. Das müssen wir festhalten. Die Engel wirken nicht die Erlösung. Sie können den Weg bereiten. Sie stehen für die Art, in der der Schöpfergott in dieser Welt handelt. Diese Weise habe ich das „Sieben Gottes" genannt. Wie mit einem Sieb in der Hand lässt Gott manches gedeihen, anderes nicht. Dieses Sieben, so deuten wir es, vollzieht Gott durch Engel. Sie sind dadurch die Übermittler seines Segens. Aus den vielen Möglichkeiten, die zum Beispiel ein Tag bietet, lässt Gott manche gedeihen. Er segnet sie, er fügt sie zu etwas Gutem. „Vor Ort" wirken das, so die Sichtweise der Bibel, Gottes Engel.

II
BOTEN DER VERKÜNDIGUNG UND DER VERHEISSUNG

Geheimnis: Der schwebende Engel

Der Künstler Ernst Barlach hat als Teil eines Ehrenmals für Tote eine Engelfigur geschaffen. Ein mächtiger Koloss mit menschlichem Antlitz und einem Körper, der die Umrisse von Menschen hat, schwebt an zwei Seilen, die oben im Gewölbe befestigt sind, waagerecht über der Gedenkplatte.

Nicht viele, sondern nur einer
Nicht Fallen, sondern Schweben
Nicht Stürzen, sondern Gehaltensein
Nicht Drohen, sondern Behüten
Nicht Geier, sondern Schutz vom Himmel
Nicht Bomben, sondern Frieden
Nicht Tod, sondern Auferstehung

Jeder Engel weckt die Erinnerung an Gegensätze und Widerstreit. Gerade auch dieser Engel erinnert uns an die apokalyptischen Kriegszeiten, in denen er entstanden ist. Er ist wie eine Antwort darauf.

Die Kriege des 20. Jahrhunderts waren laute Kriege. Obwohl ich damals noch klein war, kann ich das Heulen der Sirenen bei Luftangriffen, das hornissenartige Brummen der Tiefflieger und das Schreien der Menschen vor ihren brennenden Häusern nicht vergessen. Auch nicht die bedrückende Stille im Luftschutzkeller, die wir fast jede Nacht miteinander teilten. Auf Getöse und bedrückende Stille ist dieser Engel eine geradezu fröhliche Antwort. Denn dieser

Engel schweigt. Allen gespenstischen Lärm hat er in sich verschluckt. Aber die Stille, die er ausstrahlt, ist nicht dumpfes Schweigen voller Angst, sondern befreites Finden zu sich selbst.

Die Augen des Engels sind fast geschlossen, aber er schläft nicht. Dieser Engel fasst alle Gebete der Kirche um Ruhe in sich zusammen. Es sind die Gebete um Ruhe für die Toten: „Herr, gib ihnen die ewige Ruhe – und das ewige Licht leuchte ihnen. Herr, lass sie ruhen in Frieden – Amen". Es sind auch die Gebete um Ruhe vor den Stürmen und Katastrophen. Ruhe ist noch etwas anderes als Frieden. Ruhe ist in der Sprache der Bibel stets mit einem Ort verbunden. Dieser Ort ist das „gelobte Land", die „Heimat", die „ewige Wohnung" bei Gott.

Jeder Engel repräsentiert auch Gott. Dieser Engel wirft einen großen Schatten. So gilt der Satz von der Geborgenheit *unter dem Schatten deiner Flügel.* Sie gilt dem, der *wohnt im Schutz des Höchsten und weilt im Schatten des Allmächtigen.* (Psalm 91,1)

Zu dem Bild des Schattens, in dem wir geborgen sind, findet sich auch das andere, dass Gott sein Angesicht über uns erhebe und über uns leuchten lasse. So wie dieser Engel sein Angesicht über uns erhebt und leuchten lässt, ergeht es uns mit dem Segen Gottes. Denn so schwebt Gott über uns, so leben wir in seinem Schatten geborgen. Es ist ein beschützender Schatten, eine behütende Hand.

Engel sind leichte Geschöpfe. Wie kann man als Bildhauer, der Holz schnitzt oder Metall gießt, Leichtigkeit darstellen? Ist das nicht ganz unmöglich? Nur durch scheinbar Paradoxes kann man das darstellen, etwa durch Schweres, das schwebt. So hat Ernst Barlach es gemacht. An der Schwere des Engels besteht kein Zweifel. Der Künstler hat nicht dünnes Blech oder leichten Fahnenstoff verwendet, sondern die Schwere drastisch monumental betont.

Das ist die Ausstrahlung dieses Engels: Ein Frieden, der nicht von dieser Welt ist, der über alles Begreifen und über alle Vernunft geht. Ein Frieden, der nicht durch Flucht aus der Welt zustande kommt, sondern der mitten in der Welt dort gegeben ist, wo sich Menschen im Schatten des Engels versammeln.

Frieden lehrt dieser Engel durch sich selbst, indem er mit sich eins und bei sich ist. Sein Gesicht sagt: Er hört, er hört Gott und hört auf die Menschen, er fliegt vom einen Hören zum anderen Hören. So ist er im Hören bei sich und segnet dadurch mit Frieden.

Engel sind schnelle Flieger. *„Ite, angeli veloces"*: „Eilt, ihr Engel, ihr seid doch geschwind". So beginnt ein Psalm, so heißt ein Musikstück von Igor Strawinski. Barlachs Engel eilt nicht, er scheint aber im Stillstehen zu fliegen. Das kann nur ein Flieger mit ganz viel Kraft. Es ist die Kraft des Fliegens in der Schwebe. Unser menschliches Leben vollzieht sich im Rhythmus von Bewegung und Stehen. Der Engel lehrt uns, dass demgegenüber Ewigkeit noch etwas anderes ist: kraftvoller Widerstand gegen die Zeit, die dahineilt und auch dahinrafft. Wenn die Mönche sagen, ihr Gesang sei „meditatio mortis continua", „beständiges Sinnen über den Tod", nämlich Vorlaufen zum Tod und Verwandeln des Vorlaufens in Gesang, dann steht der Engel für die Verwandlung des Vorlaufens in die Sekunde des Innewerdens. Er lehrt uns diese Erkenntnis, dass wir in der Sekunde des Innewerdens sagen können: Ja, das bin ich, ja, so bin ich.

Wer diesem Engel ins Gesicht blickt, bekommt mit, dass er ein Geheimnis in sich verbirgt. Das Geheimnis kann nur dieses sein: Dass eben nicht alles aus ist mit dem Tod. Dass es nämlich mehr gibt als Schweigen. Dass das ganz Schwere ganz leicht wird. Wie unsere Trauer. Dass auch wir gehalten werden gegen alle Schwerkraft, wenn wir nur etwas in uns haben von der Macht über aller Macht, vom Glauben.

Die Menschwerdung Gottes in Jesus predigt dieser Engel nicht, aber vielleicht gehört dieses zu seinem Geheimnis, dass Gott unser Geschick doch einst teilen wird.

Mit diesem Engel kommt etwas „über uns“. Eine überwältigende Erfahrung kann positiv sein oder negativ. Die Bomber flogen über uns. Die Tiefflieger brachten Verderben. Das Feuergericht wird über uns kommen. Jesus sagt: *Wo ein Aas ist, finden sich blitzschnell die Geier ein. So schnell kommt das Gericht über die Menschen.* (Lukas 17,37) Vom Fluch der verlorenen Verheißung sagen wir, dass er über uns liegt. Dieser Engel vom Himmel wirft beschützenden Schatten über uns. Hier ist einer „über“ uns, der uns nicht berührt.

Der Engel hat keine Hände, mit denen er nach denen greifen wollte, die unter ihm sind. Daher fehlt auch der leiseste Anflug von Angst. Die Hände hat dieser Engel an sich gelegt wie der gehorsame Bote seines Herrn. Er „macht“ nichts, „krempelt nichts um“, er richtet nur schweigend Gottes Friedenssegen aus – einfach dadurch, dass er da ist.

Gewiss ist dieser Engel auch streng. Er ist jedenfalls nicht einfach „lieb“. Er ist streng als Künder des Unbedingten. Unbedingt ist die Ewigkeit, unbedingt ist vorerst die Macht des Todes. Aber unbedingt ist auch das, was nach dem Tod ist, das Geheimnis, von dem der Engel sagt, dass es uns behüten wird wie Gottes Segen – schon immer.

Ein weiteres Bild aus den christlichen Totenliturgien: „Und das ewige Licht leuchte ihnen“. Dieser Engel ist aus dunkler Materie. Aber er ist nicht tot. Das Leben, von dem er spricht, ist ruhig flackernd wie das „ewige Licht“ oder wie die Lichter auf den Gräbern im Allerseelenmonat. – Ist Gott nicht gegenwärtig in dem geheimnisvollen Leuchten, das das Antlitz des Engels ausstrahlt?

So hat hier der Künstler seine Aussagen durch Überbetonung des Gegensätzlichen erwirkt: Das Wachen der Engel, von dem alle alten Liturgien sprechen, stellt er durch fast geschlossene Augen dar. Die Leichtigkeit des Engels durch Schwere. Die Schnelligkeit durch Ruhe, die Helligkeit durch Dunkel.

Auch in den romanischen Kirchen war es für das Auge zunächst fast ganz dunkel, bis man das ganz andere Licht aus den kleinen runden Fenstern erfassen konnte.

Die Predigt dieses Engels ist Verwandlung: Denn er verwandelt das Schreien des Krieges in Stille. Er macht das ganz Schwere ganz leicht. Er wandelt die Trauer um zu etwas, das unnennbar ist. Es ist nicht Fröhlichkeit, aber Gelassenheit. Die Verwandlung aber ist die Art, in der der Tod bewältigt wird.

Durch den Engel wissen wir: Gott hat ein Antlitz. Sein Glanz ist verhüllt. Sein Antlitz ist dunkel, wie bei den schwarzen Madonnen. So kann auch Gottes Glanz hier nur paradox dargestellt werden. Es erweist sich auch an dieser Stelle, dass die Behauptung des Gegenteils ein geheimer Weg ist.

Die Distanz bleibt. Denn der Engel steht für Gottes Heiligkeit. Freilich ist es keine abweisende Heiligkeit; sie ist nicht ohne behütende Barmherzigkeit. Denn der Engel segnet durch sich selbst, durch sein sensibles, schweigendes, in sich gekehrtes Gesicht, durch seinen ganzen Leib.

Das, was bleibt, ist das Geheimnis der Verwandlung. Sie fängt uns auf im Fallen. Sie hält uns, wenn wir stürzen. Sie behütet uns in allem Bedrohlichen. Sie weckt uns auf im Tod zu neuem Leben.

Wir haben Barlachs Engel gelesen wie einen Text jüdischer und christlicher Mystik. Es empfiehlt sich, den Text mit einem anderen mystischen Text zu vergleichen, mit der Verklärung Jesu. *Nach sechs Tagen nahm Jesus Petrus, Jakobus und Johannes beiseite und führte sie ganz allein in die Einsamkeit eines hohen Berges. Und dort wurde er vor ihren Augen verwandelt. Seine Gewänder begannen zu leuchten, so hell, wie kein Färber auf Erden sie machen könnte. Es erschienen ihnen Elia und Moses, die redeten mit Jesus. Daraufhin sagte Petrus zu Jesus: „Rabbi, lass uns hier bleiben. Wir wollen drei Hütten bauen, eine für dich, eine für Moses, eine für Elia." Petrus begriff eben nicht, was da vor sich ging, und alle drei Jünger fürchteten sich sehr. Auf einmal wurden Jesus, Moses und Elia von einer Wolke eingehüllt, aus der ertönte eine Stimme: „Dies ist mein geliebter Sohn, hört auf ihn." Und als sie sich umblickten, sahen sie plötzlich nur noch Jesus.* (Markus 9,2–8)

Bei unserem Vergleich wird auch der Unterschied zwischen Engellehre und Christologie deutlich.

Dem Schweigen des Engels steht die Stimme Gottes bei der Verklärung gegenüber.

Der Engel verkündet nicht Liebe, wohl aber die Geborgenheit im Geheimnis. Die Stimme Gottes ist an den Sohn gerichtet und erklärt der Welt die Liebe Gottes zum Sohn.

Der Engel schafft einen heiligen Ort durch den Schatten seiner Flügel. Der Berg der Verklärung ist ein heiliger Ort durch die sichtbare Verklärung der Menschennatur.

Der Engel ist die höchstmögliche Antwort des Alten Testaments auf die Frage des Todes: Geborgen in Gott. Die Verklärung gibt das Ziel von Jesu Weg an: Überwindung des Todes.

Der Engel ist Berührung mit dem Geheimnis der Ewigkeit mitten in der Zeit und jenseits aller Zeit. Die Verklärung ist ein Stück Vorwegnahme des Himmels, unfassbar siegreich.

Der Engel lehrt Gelassenheit. Die Verklärung imprägniert gegen den Tod, denn sie ist Vorgeschmack auf das, was danach kommt – in der Ewigkeit.

Der Engel ist die Alternative zu den lärmenden Gräueln. Die Verklärung ist wie christlicher Gottesdienst: Die Versammlung aller Wege von Hoffnung, Überwindung und Krönung.

Der Engel deutet Verwandlung als Geheimnis seines Schweigens an. Die Verklärung zeigt den Vollzug leibhaftiger Verwandlung.

Der Engel sagt: Gott hat ein Gesicht. – Die Verklärung sagt: Wie das Gesicht seines Sohnes, so wird Gott auch unser aller Gesicht bewahren und retten durch die zerfressende Macht des Todes hindurch.

Der Engel weist auf das verborgene Licht in den Gräbern. Die Verklärung lässt blitzartig aufleuchten, dass es nicht bei Ahnung und Verheißung bleibt, sondern von Zeugen wahrgenommen wird.

Der Engel sagt, dass das, was über uns kommt, uns nicht vernichten wird, sondern ein Segen ist. Die Verklärung zeigt, was mit uns geschehen wird, wenn es beginnen kann im Glauben des Herzens.

Weihnachten: Fürchtet euch nicht

Zu derselben Zeit hielten gerade einige Hirten auf freiem Feld in der Umgebung von Bethlehem Nachtwache bei ihrer Herde, als plötzlich ein Engel des Herrn vor ihnen erschien und ein gleißender Glanz vom Himmel her rings um sie aufleuchtete. Sie standen starr vor Schrecken. Da sagte der Engel: „Habt keine Angst, denn was ich zu euch zu sagen habe, wird euch mit großer Freude erfüllen und gilt dem ganzen Volk. In der Stadt Davids ist heute einer geboren worden, der euer Retter sein wird: Christus, der Herr. Und so werdet ihr ihn erkennen: Er ist ein kleines Kind in Windeln, das in einer Futterkrippe liegt.“ (Lukas 2,8–12)

Habt keine Angst

Die Aufforderung *„Fürchtet euch nicht!"* oder *„Habt keine Angst!"* gehört zu den Grundmerkmalen jeder Engelserscheinung. Aber im Zusammenhang mit der dann geäußerten Freudenbotschaft kann man den Satz hier besonders deuten. Der nachreformatorische Theologe Johann Arndt verbindet damit eine grundsätzliche Engel-Theologie; in seiner Postilla von 1701 schreibt er dazu: „Erstlich spricht der Engel: ‚Fürchtet euch nicht.' Denn dies sollte nicht sein ein Tag der Furcht, sondern der Freude. Denn gleich wie Gottes Sohn nicht gekommen war, die Menschen zu erschrecken, auch die heiligen Engel sollten den Menschen nicht schrecklich sein, sondern die fröhliche Botschaft bringen. Die heiligen Engel erzeigen sich schrecklich den Gottlosen, lieblich aber den Gläubigen und sehr freundlich denen, die Gott lieben, darum reden sie mit Menschenstimmen, welche in großer Furcht sehr tröstlich ist. Die Engel, welche bei dem Grabe Christi die Hüter erschreckten und der Engel, der im Lager der Assyrer hundert und fünf und achtzig tausend Mann erschlug, redete nicht mit den Feinden. Aber mit den Weibern, welche Christum suchten im Grabe, reden sie freundlich. Weil nu der Himmel voll Freude war, sollte auch die Erde sich freuen an diesem großen Freuden-Tage, wie Jesaja geweissagt hat im 49. Kapitel: ‚Jauchzeit ihr Himmel, freue dich, Erde, lobet ihr Berge mit Jauchzen, denn der Herr hat sein Volck getröstet und erbarmt sich seiner Elenden.' Dieser Freudentag, von welchem der Prophet saget, war nu kommen, denselben sollten die Engel verkündigen oder die Himmel, wie der Prophet redet. Darum sollten die Engel im Neuen Testament nicht mehr so schrecklich den Gläubigen erscheinen, wie geschah Genesis 3, da Gott einen Cherubim mit einem blossen hauenden Schwert vor das Paradies lagerte. Gottes Zorn ist nu versöhnet, darum kommen die heiligen Engel nicht mit blossen Schwertern und grossem Schrecken, sondern mit Verkündigung grosser Freude."

Offenbarung in zwei Schritten

Nicht nur Weihnachten, nicht nur das Ereignis der Menschwerdung Gottes ist Offenbarung Gottes, intensivste Zuwendung zu den Menschen, die kaum vorstellbar ist. Auch bereits die Kundgabe dieses Ereignisses geschieht als Theophanie, als ausgestaltetes, sichtbares und hörbares Ereignis mitten in der Geschichte, das die menschliche Geschichte durchkreuzt und direkte Kundgabe Gottes ist. Schon die Verkündigung der Menschwerdung ist ein dramatisches Geschehen und durch bestimmte Erkennungsmerkmale legitimiert, das heißt: als übernatürlich ausgewiesen.

Denn das eine ist die Botschaft des Engels: *In der Stadt Davids ist heute einer geboren worden, der euer Retter sein wird: Christus, der Herr*; das andere aber sind die beglaubigenden Zeichen, nämlich der Lichtglanz und das Kind in der Futterkrippe.

Dreimal Evangelium durch Engel

Es geht im Folgenden um drei Texte, die wir miteinander vergleichen. In ihnen sind es Engel, die das Evangelium verkünden. Das ist ungewöhnlich, denn üblicherweise verkündigen Menschen das Evangelium, Propheten, der Messias oder seine Boten.

Eine wichtige Übereinstimmung zeigt sich nämlich zwischen dem Weihnachtsbericht und zwei weiteren Texten, einmal mit den Osterberichten vom leeren Grab und zum anderen mit Offenbarung 14: Alle drei Texte sind Engel-Texte. In allen drei Texten verkünden Engel das zentrale Evangelium. Bei aller Unterschiedlichkeit des jeweiligen Evangeliums sagt aber gerade die Tatsache, dass Engel dieses verkünden, Wichtiges über Gott, über den, der sie gesandt hat, und über sein Werk. Die drei „Evangelien“ lauten:

Der Retter, der Messias, ist geboren
Jesus ist auferstanden
Fürchtet Gott … und betet ihn an …

In Offenbarung 14 heißt dieses ausdrücklich *Evangelium*, in Lukas 2,10 steht das Verb *ich verkünde euch als Evangelium*, und die Auferstehung Jesu wird etwa in 1 Korinther 15,3 als *Evangelium* bezeichnet.

In allen drei Texten finden sich bestätigende Zeichen dessen, was die Engel sagen: In Lukas 2 das Kind in der Krippe und der Lichtglanz, in Markus 16 das leere Grab und in Offenbarung 14 die beiden weiteren Engel, die mit dem ersten zusammen dann die Dreizahl der Zeugen ergeben.

Unterschiede liegen in der Größe des Kreises der Angesprochenen: In den Evangelientexten ist der Adressatenkreis klein, und zweifellos sind die angesprochenen Menschen Juden. In Offenbarung 14 ist die ganze Welt Zeuge.

Auffallend ist aber, dass in keinem der drei Texte Menschen an der Verkündigung des Evangeliums beteiligt sind. In Markus 16,8 wird vielmehr ausdrücklich vom Schweigen der Frauen berichtet. Das „Evangelium im Mund der Engel" ist daher ein Weg, auf dem die zentrale Botschaft der Verfügung und der Möglichkeit der Verfälschung durch Menschen entzogen wird. Was die Engel sagen, sagt Gott selbst.

Warum das vierte Evangelium nur wenige Engel kennt

An dieser Stelle sei ein Seitenblick auf das Evangelium nach Johannes gestattet. Das vierte Evangelium kennt an keiner entscheidenden Position der Erzählung Engel. Das gilt auch für die Gegenseite: Das vierte Evangelium kennt keine Exorzismen, also Austreibungen böser Geister, der „Gegenpartei" zu den Engeln. – Auch die beiden Engel in Johannes 20,12 sind keine Ausnahme und bestätigen eher die Regel. Denn anders als in allen anderen Evangelien verkünden sie nicht die Osterbotschaft oder wälzen den Stein, sie sind nur Adressaten der Klage der Maria Magdalena. Auf die Frage *„Warum weinst du, gute Frau?"*, sagt Maria Magdalena ihnen: *„Sie haben meinen Herrn weggenommen, und ich weiß nicht, wohin sie ihn gebracht haben."* – Das ist alles. Darauf erscheint ihr dann Jesus, der die Frage wiederholt: *„Wa-*

rum weinst du, gute Frau?" Jesus offenbart sich dann der Maria Magdalena selbst. – Jesus Christus ist im vierten Evangelium der Gesandte Gottes schlechthin, und der einzige Exorzismus ist sein Sieg über den Fürsten dieser Welt, der nach Johannes 12,31 besiegt und *hinausgeworfen* ist, wie eben an anderer Stelle Dämonen. Immer wieder aber ist von der Sendung Jesu die Rede und seit dem berühmten Prolog – *Im Anfang war das Wo*rt – auch davon, dass sein Wort das Wort Gottes ist. Interessanterweise steht in Weisheit 18 Gottes Wort an der Stelle, die sonst Gottes Engel einnimmt. So gilt für das Johannesevangelium: Genau die Stelle zur Verkündigung des gültigen Evangeliums, die nach Markus und Lukas und der Offenbarung des Johannes Engel wahrnehmen, erfüllt hier Jesus selbst als der tatsächlich einzige wirklich maßgebliche Gesandte Gottes.

Die Frage nach der Rechtmäßigkeit des wahren Verkünders wird von Markus und Lukas so gelöst, dass Gott selbst durch seinen Engel spricht. Nach dem vierten Evangelium sind dagegen Jesu Worte selbst schon Worte des einzigen wirklichen Gesandten Gottes. Insofern wird hier das Problem der Gültigkeit des Evangeliums auf einer anderen Ebene gelöst. Jesus selbst ist der Engel schlechthin, und daher gilt sein Wort im ganzen Evangelium immer als Wort Gottes selbst. Insbesondere kennt das vierte Evangelium keine Engel am leeren Grab. Und ob die Engel nach Johannes 1,51 irgendetwas sagen, bleibt ganz offen. In jedem Falle markieren sie aber die Herrlichkeit Jesu.

Herrlichkeit zur Nachtzeit

Der *gleißende Glanz vom Himmel her* ist ein Hinweis auf die unfassbare Faszination Gottes. Sie wird beschrieben als Helligkeit, Lichtglanz oder Leichtigkeit.

Wieder ist die Nacht die Stunde der Offenbarung. Im Neuen Testament sind Engel an der nächtlichen Befreiung des Petrus beteiligt. In Weisheit 18,14f wird die Erlösung Israels beschrieben: *Denn als lautlose Stille alles umfing und die Nacht in ihrem schnellen Lauf die*

Mitte erreichte, da sprang dein allgewaltiges Wort vom Himmel her, vom Königsthron, ein grimmiger Krieger …

Die Nacht steht für die heillose Zeit der Menschen. Licht in der Nacht zu sehen ist gewiss eine Urerfahrung der Menschen. Doch kennzeichnend für alle jüdischen und christlichen Belege ist die Verbindung mit dem Wort; in Weisheit 18 ist gar nur und ausdrücklich vom Wort die Rede. Denn es ist eine tiefgreifende Erfahrung neutestamentlicher Christen, dass bloßes Licht zur Nachtzeit trügerisch sein kann, bloße Wunder oder charismatische Phänomene ebenso. Das Wort hilft entscheidend zur Erkenntnis der Eindeutigkeit.

Im Unterschied zu Weisheit 18 und der Mose-Offenbarung am Sinai fehlen freilich in allen neutestamentlichen Stellen die gewaltsamen Züge, es findet keine Offenbarung durch Feuer, Donner, Erdbeben oder Theophanie statt. Im Neuen Testament gibt es noch nicht einmal das strahlende Antlitz des Sehers, vor dessen Strahlen man sich schützen müsste.

Das Milieu ist „einfacher", schlichter, menschlicher. Es entspricht ganz dem Kommen dieses Messias in Niedrigkeit, etwa auch dem Einzug Jesu in Jerusalem auf einem Esel.

Das Verhältnis von Zeichen und Botschaft

Im Verhältnis zur Botschaft ist das Kind in der Krippe nur ein Zeichen. Denn dem Kind in der Futterkrippe sieht man es nicht an, ob es sein Volk erlösen wird. Nur die Botschaft geht über das Sichtbare hinaus. Neugeborene Kinder gibt es viele. Aber diese Botschaft ist eben nicht ohne das Sichtbare, ohne den sicheren Hinweis, dass der Messias wenigstens schon geboren ist. Das Evangelium ist nicht eins zu eins aus den Fakten abzulesen, sondern es musste eben auf dem besonderen Weg der Offenbarung durch den Engel erst bekannt gemacht werden. Ich sehe es so: Die aufstrahlende Herrlichkeit des Herrn, das Wort des Engels und das Kind in der Krippe sind drei sich gegenseitig stützende Zeichen, Verlautbarungen, Zuwendungen Gottes zu den Menschen.

Licht-Theologie der Zisterzienser

Zu Licht und Glanz in Lukas 2,9 bemerkt der Zisterziensermönch Bernhard von Clairvaux: „Mitten in der Nacht ist der „geheiligte Tag" aufgeleuchtet und die Nacht ist hell geworden wie der Tag, ja sie ist zum Tag geworden, als der Engel sagte: Denn euch ist der Heiland geboren. Gewiss heute, nicht in dieser Nacht, denn die Nacht ist vorgerückt, der Tag aber ist nahe, jeder wahre Tag, der aus dem Tag kommt, das Heil Gottes, Jesus Christus, unser Herr." Der Lichtglanz der Herrlichkeit wird von Bernhard daher direkt mit dem wahren Tag, dem biblischen „Tag des Herrn" gleichgesetzt.

Einen ungewöhnlichen Kommentar zu dieser Stelle gibt Bernhard, der sie mit Hoheslied 2,16 verbindet: *Mein Geliebter ist mein, ... er weidet unter Lilien.* Bernhard setzt Jesus mit dem Geliebten und mit der Lilie gleich. Die Lilie hat helle, weiß glänzende Blütenblätter, und sie duftet. Den Glanz sieht Bernhard im Zusammenhang mit dem Glanz der Herrlichkeit Gottes nach Lukas 2 und auch mit dem *Licht zur Erleuchtung der Heiden,* von dem Simeon im selben Kapitel beim Nachtgebet „Nunc dimittis" singen wird. Den Duft, der sich weit verbreitet, bringt er mit den Magiern in Verbindung, die von weit her kommen:

„Das ist die Lilie, die unsere Erde zu einem neuen Segen hervorgebracht hat, der sie bereitet hat vor dem Angesicht aller Völker, ein Licht zur Erleuchtung der Heiden ... Erkenne die Lilie am Glanz, der sofort nach dem Erblühen der Blume den Hirten bei Nacht aufstrahlte nach dem Wort des Evangeliums: ‚Da trat der Engel des Herrn zu ihnen, und der Glanz Gottes umstrahlte sie.' Richtigerweise steht hier „Gottes", denn es ist nicht der Glanz des Engels, sondern der der Lilie: jener trat zu ihnen, aber diese leuchtete bis von Bethlehem her. Erkenne die Lilie auch an dem Duft, mit dem sie sich den weit entfernten Magiern offenbarte (Matthäus 2)."

Die Engel sind nicht nur in ihrem Wesen und in ihrer Macht Abglanz von Gottes Herrlichkeit. In der Botschaft, die sie ausrichten, sind sie Entfaltung des einen Wortes, das Gott selbst ist. Insofern sind sie „Offenbarer" – nicht nur der Herrlichkeit und Macht Gottes, sondern auch dessen, was Gott unternimmt, um sein Reich auszubreiten.

Liebe: Dispute zwischen Gott und den Engeln

Denn also hat Gott die Welt geliebt, dass er seinen eingeborenen Sohn gab, damit alle, die an ihn glauben, nicht verloren gehen, sondern das ewige Leben haben. (Johannes 3,16)

Die jüdische Überlieferung kennt Dispute Gottes mit den Engeln. Diese Dispute handeln zumeist von der unverhältnismäßigen und unvernünftigen Liebe Gottes zu den Menschen, und sie dienen dazu, die Größe und Unergründlichkeit dieser Liebe darzustellen. Ich habe im Folgenden einen solchen Disput nachempfunden und jeweils eine Sklavenfigur an die Stelle eines Engels gesetzt. Es handelt sich daher um ein Gleichnis. Gott beharrt auf seiner Liebe, doch die Sklaven seines eigenen Hauses werfen ihm Unvernunft vor. Das aber ist genau die Konstellation zwischen Gott und den Engeln. Die Engel sind nicht offen menschenfeindlich, aber sie vertreten vor Gott und ihm gegenüber das Anliegen, seine Heiligkeit und Hoheit, seine Würde und das Augenmaß zu bewahren. Was die Engel angeht, so wird daran nicht zuletzt dieses erkennbar: Sie sind weit entfernt von der Unergründlichkeit Gottes. Im übrigen orientiert sich das Gleichnis an der Sprache und Bilderwelt des Evangeliums nach Johannes, auch an dem Hirten von Johannes 10.

Die Differenz zwischen Gott und den Engeln liegt hier in der „Rationalität" und „Vernünftigkeit", ja Weltklugheit der Engel. Die Engel stehen daher hier für das Fassbare. Denn in der Tat stehen sie immer wieder zwischen Gott und Mensch in dem Sinne, dass sie Gottes Wort und Willen für die Menschen fassbar machen und entsprechend ausrichten. Doch alle Fasslichkeit macht damit den unfasslichen Gott und seine Geheimnisse nicht überflüssig.

Vielmehr verhält es sich gerade gegenteilig: Wäre Gott fassbar, wäre er wie ein Engel, so wäre er nicht Gott.

Dass Gott sich gegen die Engel durchsetzt, gehört daher zur Gattung dieser Dispute. Sie zeigen, dass das Geheimnis der Liebe Gottes all seiner Majestät, aller Rationalität und Begründbarkeit überlegen ist. Dennoch ist Gottes Liebe nicht unvernünftig im strengen Sinne des Wortes, sondern „übervernünftig", denn Gott handelt und spricht ja der Liebe gemäß.

Denn jeder Entwurf eines Systems der Vermittlung könnte in der Gefahr stehen, die jedem System droht, zumal jedem theologischen: Letztlich gegen die Unerfassbarkeit Gottes zu verstoßen und am Ende Gott den Zwängen eines Systems zu unterwerfen.

Es war ein Mann, der hatte einen Garten am Meer, den hatte er selbst gepflanzt und gebaut, und sein Herz hing an jeder Pflanze, die er eingesetzt hatte, und er hoffte, dass der eine oder andere Baum alsbald Früchte tragen werde. Zwar kann man nicht sagen, dass er den Garten bitter nötig hatte, nein, das war es nicht. Allein die flache Öde der Landschaft nahe am Meer schien ihm traurig und nichtssagend. So war der Wunsch nach Freude der letzte Grund gewesen, den Garten anzulegen. Es war der Wunsch, sich über etwas freuen zu können, sein Herz an etwas hängen zu können. Nun geschah es in einer stürmischen Winternacht, dass Sturmflut drohte und der Mann, wodurch auch immer gehindert, sich nicht selbst um seinen Garten kümmern konnte. Fast mannshoch schlugen die Wellen ans Ufer, und jedermann warnte davor, ans Meer zu gehen. Doch ungeachtet dessen beschloss der Mann, seinen vertrauten und einzigen Sohn in den bedrohten Garten zu schicken. Der Sohn erhielt den Auftrag, mit Sandsäcken zu retten, was zu retten war. Indes musste jedes Pfund Sand erst dem Meer selbst abgerungen werden, und es war nicht nur kalt und stürmisch, der Mann wusste vielmehr, dass sein Sohn sicher in Gefahr geraten würde. Der älteste Sklave sagte: „Es ist Wahnsinn, jetzt den Sohn zu schicken, er wird umkommen durch die Flut." Und ein anderer sagte: „Was ist dir mehr wert, der Garten oder der Sohn? Bist du so in deinen Garten verliebt, dass du deinen Sohn nicht schonst?" Und ein anderer sagte gar: „Du bist wahnsinnig, das zu tun. Du weißt doch, wie gefährlich es ist. Liebst du deinen Sohn nicht? Was liegt dir an dem Garten, den du doch gar nicht nötig hast? Wie kann man so närrisch in seinen Garten verliebt sein, dass man sein Liebstes dafür hingibt? Nein, wir verstehen dich nicht!" Und ein anderer sagte: „Jedes Gericht würde dich schuldig sprechen wegen Fahrlässigkeit. Vielleicht würden sie dir mildernde Umstände zubilligen, weil du verrückt bist." Und der Mann sagte: „Mein Sohn ist wie ich selbst. Meine Freude ist auch seine. Er weiß, wie sehr ich den Garten liebe, und er tut es für mich. Es geht darum, dass überhaupt Freude sein kann. Und den Garten liebe ich nun einmal, denn er ist mein Werk." Darauf antwortete der älteste Sklave: „Aber du kannst doch deinen Sohn lieben und dich an ihm freuen! Warum setzt du ihn aufs Spiel für das weit geringere Gut – einen Garten am Meer?" Und der Mann antwortete: „Wenn eine Pflanze von Salzwasser überflutet und zerfressen ist, vom Meer verschlungen oder ihrer Blüte beraubt, dann ist sie unwiederbringlich verloren. Meinem Sohn dagegen schadet das den Pflanzen tödliche Salzwasser nicht, auch wenn es ihn berührt." Und der Sklave sagte: „Aber der Garten ist schon überspült, das Wasser ist schon bis an den Schaft der Pflanzen eingetreten. Es hat doch keinen Zweck mehr." Der Mann erwiderte: „Wenn das Wasser nicht zu lange einwirkt, kann man den Garten noch retten. Umso eiliger werde ich meinen Sohn senden. Ich weiß, dass der Garten geflutet ist, aber noch kann man alles retten." Ein Sklave: „Vielleicht fasziniert dich gerade die Möglichkeit zu retten? Vielleicht ist das noch faszinierender als die Anlage des Gartens, ihn gewissermaßen neu und nun aus der tödlichen Bedrohung zurückzugewinnen. Ihn noch einmal zu empfangen." Der Mann: „Ich gebe es zu: Retten ist doppelte Freude. Das Retten fasziniert mich in der Tat so, dass ich darüber die Gefahr für meinen

Sohn, und das heißt ja am Ende: für mich selbst, gering achte. Ich kann mich selbst ganz vergessen dabei und damit auch die Gefahr für meinen Sohn, der ganz eng zu mir gehört." Ein anderer Sklave: „Freude am Werk und doppelte Freude über das Retten-Können wird jeder dir zugestehen, aber muss dafür der Sohn gesandt werden?" Der Mann: „Nur der Sohn weiß in dem Garten Bescheid, er war maßgeblich bei der Anlage des Gartens dabei, er trägt den ganzen Plan in sich." Ein anderer Sklave: „Aber wie kannst du ihn so leiden lassen dafür, wie kannst du dich, und wie kann er sich mit dir so vergessen, dass man für ein wenig Freude so viele Strapazen auf sich nimmt?" Der Mann: „Ich will dir ein Gleichnis sagen: Es ist wie mit einem Hirten, der eine Schafherde hatte, die von Wölfen bedroht wurde. Und er geht hin, als die Wölfe kommen, tritt vor die Türe des Schafstalls und lenkt die Wölfe auf sich, weg von den Schafen, und sie zerfleischen ihn." Der älteste Sklave: „Kein Hirte tut das! Denn ein Mensch ist mehr wert als Schafe." Der Mann: „Außer wenn er die Schafe so liebt, so irre und wahnsinnig liebt, dass er sich selbst vergisst und auf sein eigenes Leben nicht achtet. Es geht um die Liebe, die der hat, der so etwas tut." Der Sklave: „Aber es ist eine verrückte Liebe, die keine Verhältnismäßigkeit kennt, eine ungerechte und eine Liebe ohne Vorsicht und Augenmaß." Der Mann: „Kennst du eine Liebe, die anders ist? Ist diese meine Verrücktheit nicht mein letztes, tiefstes Geheimnis, ist sie nicht das, was ich bin? Nichts davon zu haben außer der Freude, dass zum Beispiel die Schafe leben, und in dieser Freude selig zu sein … ist das nicht das, was ich bin?"

Versuchung: Der weite Weg und die Fürsorge der Engel

Er blieb vierzig Tage in der Wüste und wurde vom Teufel auf die Probe gestellt. Die wilden Tiere taten ihm nichts an, und die Engel waren ihm zu Diensten. (Markus 1,13)

Der Text ist in seiner Knappheit rätselhaft. Der letzte Satz fehlt auch in den sonst ausführlicheren Versuchungsberichten nach Matthäus und Lukas. Dass die Engel Jesus dienten, bedeutet, dass sie ihn mit dem Notwendigen versorgten, mit Wasser und Brot und einem Zelt in der Nacht. Das Dienen der Engel ist nicht als Belohnung am Ende dargestellt, sondern dauert offenbar die vierzig Tage über. Demnach ist jedenfalls bei Markus nichts von einem Fasten Jesu berichtet. Der Text wird daher zu Unrecht immer im Lichte der Berichte bei Matthäus und Lukas gelesen, bei denen der Hunger dann auch in der Versuchung ausdrücklich eine Rolle spielt. Denn wer durch Engel ernährt wird, muss nicht fasten und nicht hungern!

Es wird auch nicht gesagt, dass die wilden Tiere Jesus dienen. Das lapidare *Er war mit den Tieren* setzt aber offensichtlich voraus, dass sie Jesus nichts angetan haben, denn sonst hätte er die 40 Tage nicht überlebt. – Weiter ist auch nicht von Engelsspeise die Rede, denn Jesus ist in der Wüste, nicht im Paradies. Überhaupt fehlen durchweg Anklänge an das Paradies, und die Wüsten in Palästina haben mit dem blühenden Garten, als den die Bibel das Paradies beschreibt, wirklich nichts gemeinsam (außer dass Wohnhäuser fehlen). Es geht daher weder um den zweiten Adam noch um die Wiederherstellung der Ordnung des Paradieses. Relativ große Ähnlichkeit scheint noch mit diesem Text des 2. Jahrhunderts n. Chr. zu bestehen: „Der Teufel wird von euch fliehen, die Tiere werden euch fürchten, der Herr wird dich lieben, Engel werden sich eurer annehmen." Doch es fehlen darin die Versuchung, die Wüste, die 40 Tage, und der Teufel flieht Jesus nach dem Markuszitat nicht, sondern macht sich an ihn heran und versucht ihn. Das Motiv, dass Tiere einen Menschen fürchten (wie es sich nach Genesis 1f gehört) betrifft jeden Menschen, der „gerecht" und „heilig" ist. So war dem heiligen Franziskus von Assisi nach der Legende ein paradiesisches Verhältnis zu Tieren geschenkt, so dass sie willig auf seine Predigt hörten, und zwar im Unterschied zu den Menschen. Der Ertrag der üblichen Suche nach Parallelen im Frühjudentum bleibt daher und bei alledem mager.

Eine wirklich enge Entsprechung mit theologischer Tiefe ergibt sich dagegen zu 1 Könige 19,8. Hier ist die Rede von Elias, Gottes Propheten. Gerade nach dem Bericht des Evangelisten Markus besteht eine durchgehende Typologie zwischen Elias und Jesus: Jesus beruft die Jünger wie Elias, er erweckt die Tochter des Jairus nach dem „Rezept" des Elias, er wirkt das Speisungswunder mit den Broten wie Elisa, ein Schüler Elias, er spricht mit Elias bei der Verklärung, er selbst oder Johannes der Täufer könnten für den wiedergekommenen Elias gehalten werden. Von daher hat jede weitere Entdeckung einer Parallele zu Elias einen soliden Rahmen.

Zu 1 Könige 19: Elias musste sich vor König Ahab fürchten, weil dieser alle Propheten töten ließ. Elias floh und *begab sich eine Tagesreise weit in die Wüste hinein und setzte sich unter einen Ginsterstrauch. Er wünschte sich den Tod und sprach: „Genug ist es jetzt, o Herr! Nimm mein Leben hin …" Dann legte er sich nieder und schlief unter einem Ginsterstrauch ein. Da plötzlich berührte ihn ein Engel und sprach zu ihm: „Steh auf und iß!" – Er sah sich um und bemerkte zu seinem Kopfende einen gerösteten Brotfladen und ein Gefäß mit Wasser. Er aß und trank und legte sich von neuem nieder. Da kam der Engel des Herrn zum zweitenmal, rührte ihn an und sprach: „Steh auf und iß, denn sonst ist der Weg zu weit für dich!" So stand er auf, aß und trank und ging in der Kraft dieser Speise 40 Tage und 40 Nächte bis zum Gottesberg Horeb …* (1 Könige 19,4–10)

Die Entsprechungen sind auffällig: Es handelt sich um eine wirkliche Versuchung oder Anfechtung, nämlich durch die Angst vor dem Tod. Jesus hatte dazu Anlass durch das Martyrium Johannes des Täufers. Die Anfechtung dauert 40 Tage und 40 Nächte lang. Der Begriff des „dienen" bezieht sich im Neuen Testament speziell auf das Bereitstellen von Nahrung. Ist es bei Elias ein Engel, so sind es bei Jesus mehrere.

Die wunderbare Bereitstellung von Nahrung kehrt in der Elias/Elisa-Tradition genauso wie bei Jesus dann auch als Speisung einer Volksmenge wieder.

Die Deutung der Versuchung als Angst vor dem Tod ist deshalb plausibel, weil in allen anderen Versuchungen Jesu dasselbe Motiv auftaucht (bei Petri Versuch, ihn am Leiden zu hindern, in Gethsemane, am Kreuz). Man darf daher davon ausgehen, dass Jesu erste Versuchung schon durch das Vorwissen Jesu davon geprägt war.

Die Überwindung der Versuchung trägt bei beiden wesentlich dazu bei, dass sie ihren Prophetendienst überhaupt erfüllen können.

Beide Propheten sind auf dem Weg zu einem Berg (Horeb – Berg der Verklärung, Golgatha), auf dem sich ihnen Gott zeigen wird. In der Tat ist Jesu Predigt nach Markus ein einziger Weg zum Berg der Verklärung und dann nach Golgotha. Das Schema des Weges wird noch einmal von Elias her verständlich.

In der aramäischen Version wird die Ähnlichkeit verstärkt: Dort heißt es, Elias kam zu dem Berg, auf dem die Herrlichkeit des Herrn offenbart wurde. Genau das geschieht auf dem Berg der Verklärung. Ferner wird das „Element" Engel verstärkt: Von Engelheeren und von der Herrlichkeit, dem Leuchten Gottes ist die Rede.

Während in Markus 1,13 der Bericht schließt *und Engel dienten ihm*, endet der Bericht in 1 Könige 19 mit der Berufung des Elisa, und der letzte Satz des Kapitels (V.21) heißt: *Und er folgte Elias nach und diente ihm.*

Doch auch die Unterschiede sind zu benennen: Bei Jesus heißt der Berg nicht Horeb. Der entsprechende Berg ist in der Verkündigung Jesu der Berg der Verklärung, auf dem Elias aber erscheint. Allerdings wird er noch nicht in Markus 1, sondern erst in Markus 9 erwähnt. Bei Jesus muss die Todesangst erst erschlossen werden. Jesus spricht auch nicht mit den Engeln. – Bei Elias gibt es keinen äußeren Versucher (Satan).

Die folgende typologische Gegenüberstellung vertieft diese Beobachtungen noch.

Wir begegnen zwei Propheten zu Beginn ihres Weges, der ein Weg in den Märtyrertod zu sein scheint. Beide werden an dessen Ende entrückt.

Für beide Propheten führt der Weg auf den Berg der Herrlichkeit, und für Jesus dann auch auf den Berg Golgotha.

Jesus geht daher einen großen Schritt weiter als Elias: den in den wirklichen Märtyrertod.

Beide Propheten werden von Engeln ernährt und gestärkt für ihren Weg.

Und beide Propheten befinden sich in der Wüste Juda.

Auch der Gottessohn darf, weil er ganz Mensch ist, Angst haben vor dem Tod wie jeder Mensch und wie zuvor Elias.

Beiden helfen Engel an einer der körperlich schwächsten Stellen, bei Hunger und Durst. Das ist ganz elementar. Die Engel halten keine psychologische Ansprache, keinen Diskurs über das Sterben der Propheten. Sie liefern nicht Tiefsinn, sondern das Nächstliegende, so wie das sonst in ähnlicher Anfechtung auch Menschen tun, die einem nahe stehen. Die sagen: Komm, iss und trink erst einmal.

Die Kraft für alles weitere muss man schon in sich selbst finden. Und bei Gott. Die Sorge um das Elementarste ist hier die rührendste, eine mütterliche Weise der Fürsorge.

Die Zeit in der Wüste ist für beide die Zeit der Anfechtung. Denn die Wüste war für Israel immer der Ort der Wahrheit über den Menschen und über Gott. Die Wahrheit über den Menschen ist an dieser Stelle: Der Prophet ist überfordert durch seinen Auftrag. Die Wahrheit über Gott: Er hilft, aber nicht in der Hauptsache.

Er hilft im Elementarsten: Dass das Leben auf dem Weg weitergeht.

In der Hauptsache, in der Besiegung der Angst vor dem Tod, kann er den Menschen nur gefasst machen, aber nicht, vorläufig nicht, den Tod beseitigen.

Die Hauptsache wird erst in einem langen Weg und Prozess geklärt, den Gott und Mensch zusammen durchmachen.

Gott bleibt verhüllt – er sendet bis auf weiteres nur Engel.

Und Gott bleibt nicht verhüllt: Dass Engel in der Wüste helfen, ist schon ein Wunder. Dass der Weg auf den Berg der Herrlichkeit führt, zeigt, wohin alle Wege führen können, auf denen sich Gott mit den Menschen einlässt.

Mir scheint wichtig, dass wir das Bild des weiten Weges begreifen.

Beide Propheten haben auf diesem weiten Weg einen Auftrag. Und ihre Stationen gelten eigentlich für jeden Menschen: Auftrag, Anfechtung, Weiterleben, Berg der Herrlichkeit. Auch bei Jesus, den der Tod am Kreuz erwartet, ist der Berg der Verklärung ein Abbild des Berges der Herrlichkeit, zu dem Gott ihn führen wird.

Was die Bibel mit der Zahl der 40 Tage zu sagen hat, ist immer wieder staunenswert. Denn 40 Tage ist das Maß des Menschen vor Gott. Genau 7 mal 40 Tage dauert die Schwangerschaft, 40 Tage sind Jesus und Elias in der Wüste, 40 Tage ist Moses auf dem Berg Sinai vor Gott. 40 Jahre zieht das Volk durch die Wüste auf das gelobte Land hin. 40 Tage lang erscheint der Auferstandene den Jüngern nach Ostern bis zum Abschluss in der Himmelfahrt. Und 40 Tage lang dauert jedes Jahr die Fastenzeit, nach 40 Tagen hält man in der katholischen Kirche ein „Seelenamt“ für den Verstorbenen.

So wie man bei dem Architekten Le Corbusier die Verwendung einer grundlegenden Maßeinheit, eben eines „Menschenmaßes“ festgestellt hat, das er allen Behausungen für Menschen zugrunde legte und das sie komfortabel und wohnlich werden ließ, so ist 40 die Zahl, die der Himmel als Raum für den Menschen vorgesehen hat, auf dass er darin das Maß erkenne, das für ihn vorgesehen ist, in dem er sich finden soll und kann. Und danach, nach 40 Tagen, sagt man, „ist es aber auch gut gewesen“. Indem dieses für Elias und für Jesus gilt, Zeit der Anfechtung und der wunderbaren Stärkung, stehen sie beide auch für den Weg jedes Menschen.

Herrlichkeit und Zärtlichkeit Gottes: Erlösung nicht durch Engel

Haben die Engel die Menschen erlöst? Wenn nicht, warum konnten sie es nicht? Was sagt man modernen Zweiflern, die ihr Heil bei den Engeln suchen? Man kann ihnen Worte aus Hebräer 1 und 2 sagen:

Gottes Sohn hat uns von Sündenschuld befreit und sitzt in der Höhe zur Rechten des unsagbar großen Gottes.

Ein weiter Abstand trennt seine Erhabenheit von den Engeln. Sie sind nur Engel und nicht Sohn, das lässt schon ihr Name erkennen. Denn zu keinem Engel hat Gott je gesagt: „Mein Sohn bist du, heute habe ich dich in die Welt gesetzt." Und ebenso wenig hat Gott je von einem Engel gesagt: „Ich will Vater für ihn sein, er soll Sohn für mich sein." Und als Gott seinen erstgeborenen Sohn dem Kosmos vorstellt, sagt er: *Alle Engel sollen ihn anbeten.*

Über Gottes Verhältnis zu den Engeln dagegen heißt es in der Schrift: *Er macht Geistermächte zu seinen Engeln und Wesen wie Feuer zu seinen Dienern.* Den Sohn aber redet der Psalmenbeter so an: *Dein Thron, o Gott, steht fest für immer und ewig, und seine Herrschaft ist das Zepter, das alles ordnet und regiert. Du hast Gerechtigkeit geliebt und Unrecht gehasst. Deshalb hat allein dich Gott zum Zeichen seiner Freude mit Öl gesalbt – nicht aber deine Freunde.* Und weiter sagt er: *Du hast, Herr, am Anfang die Erde gegründet, und die Himmel sind das Werk deiner Hände. All das wird vergehen, du aber bleibst, auch wenn alle zerschlissen werden wie ein altes Kleid. Wie einen Mantel wirst du sie zusammenrollen, wie ein Gewand verlieren sie Form und Farbe. Doch du bleibst derselbe, und die Zahl deiner Jahre ist unendlich.*

Zu keinem Engel hat Gott je gesagt: „Setz dich rechts von mir auf den Thron, ich will dir all deine Feinde unterwerfen und als Fußschemel unter deine Füße legen." Die Engel sind insgesamt nur zum Dienen bestellt. Gott schickt sie aus, um uns zu helfen, denn uns ist das höchste Heil verheißen.

Deshalb müssen wir um so mehr auf das achten, was Gott uns sagt, damit wir das Ziel nicht verfehlen. Schon Gottes erste Botschaft, die er durch Engel hatte ausrichten lassen, war gültig, so dass Menschen, die Gebote übertraten oder ungehorsam waren, dafür entsprechend bestraft wurden. Wie sollen dann erst wir dem Gericht entkommen, wenn wir dies unvergleichlich herrlichere Angebot des Heils missachten?

Schließlich hat er seinen Heiligen Geist jedem Einzelnen in Form einer eigens ihm zugedachten Gabe zugeteilt. Denn nicht Engeln, sondern Menschen hat er die Herrschaft über die kommende neugeordnete Welt zugedacht. In der Schrift hat das einer so bezeugt: *Was ist schon der Mensch, dass du überhaupt an ihn denken magst? Was bedeutet schon ein kleiner Mensch, dass du dich überhaupt um ihn kümmerst? Doch nur für eine kurze Zeit hast du ihn niedriger gesetzt als die Engel. Dann hast du ihn gekrönt mit Herrlichkeit und Ehre und hast ihm alles unterworfen und zu Füßen gelegt.* Wenn er sagt: *du hast ihm alles unterworfen*, meint er wirklich alles und nimmt nichts aus. Jetzt können wir zwar noch nicht sehen, dass ihm alles unterworfen ist. Doch wir können Jesus sehen, den Gott für eine kurze Zeit niedriger als die Engel gesetzt hat, denn er hat gelitten und ist gestorben.

Der Verfasser des Hebräerbriefes betont den Unterschied zwischen den Engeln und dem Sohn Gottes. Damit erklärt er den Unterschied zwischen Judentum und Christentum – er setzt die jüdische Ordnung hier mit einer Ordnung der Engel gleich. So will er zeigen, dass das Neue Testament dem Alten Testament überlegen ist. Damit aber wird weder das Alte Testament abgewertet noch werden die Engel abgelehnt. Selbstverständlich gehören sie zu Gott, aber der Sohn steht unvergleichlich viel höher. Und die Engel sind Ausdruck der Hoheit Gottes, doch der Sohn ist Schöpfungsmittler.

Alle diese Unterschiede will der Verfasser anhand der Schrift des Alten Testaments selbst erweisen. Denn so kann er zeigen, dass die Heilige Schrift selbst schon den Unterschied zwischen Engeln und Sohn aufweist. So ist das Neue schon im Zeugnis aus dem Alten Bund, aus der Schrift selbst, sichtbar. Die Gründe, die den Sohn höher stellen als die Engel, wiederhole ich noch einmal nach dem Text des Hebräerbriefes:

Kein Engel wird „Sohn“ genannt, Gott nennt sich nie „Vater“ eines Engels.

Über den Sohn sagt der Vater: Die Engel sollen ihn anbeten.

Engel sind Gottes bestellte Diener.

Den Sohn *redet* der Psalmbeter (David) dagegen mit „Gott“ *an*, und zwar im Unterschied zum Vater, *über den er* als „Gott“ *spricht*. Der Angeredete und der, über den er spricht, sind zwei, beide sind Gott, der Vater und der Sohn.

Der Sohn wird als der Schöpfer („Herr“) angeredet.

Der, zu dem Gott sagt: „Setze dich zu meiner Rechten, damit ich ...“ ist der Sohn.

Die Engel sind als Diener und Helfer für die Menschen bestellt.

Gott hat dem Menschen, nicht den Engeln die Herrschaft über die kommende Welt zugedacht.

Die alte Ordnung hat der Herr durch Engel verkündet, die neue selbst (2,2f).

Gott hat den Menschen (und auch Jesus in seiner menschlichen Natur, in seinem Gehorsam und Leiden auf Erden) für kurze Zeit unter die Engel gestellt, hat ihn (Jesus) dann aber mit Herrlichkeit und Ehre gekrönt. Aber das wird nur eine kurze Zeit dauern. Während diese Welt von Engeln regiert wird, ist die künftige Welt dann den Menschen (mit Jesus) unterstellt. Jesus und die Menschen werden hier den Engeln gegenübergestellt.

Konsequenz: Weil die Christen in der Ordnung des Sohnes leben, ist auch ihre Verantwortung gewachsen. Das Angebot des Heils ist herrlicher, doch es ist auch schwieriger, dem Gericht zu entkommen. Denn wo Gottes Gabe größer ist, kann auch der Absturz aufgrund der Verweigerung gefährlicher sein. Im Alten Bund ging es nur um Irdisches, Vorläufiges. Jetzt aber geht es um das Endgültige und Ganze, um das ewige Heil.

An positiven Aussagen über die Engel entnehmen wir diesem Text in Hebräer 1f: Die Engel sind *dienstbare Geister* (Hebräer 1,7), sie dienen Gott und helfen den Menschen (1,14). Zur Lebenszeit Jesu auf Erden sind sie herrlicher als Jesus und die Menschen. Ihnen ist die gegenwärtige Welt unterstellt, nicht die zukünftige. Gott hatte seine *erste Botschaft* durch Engel ausrichten lassen (2,2a).

Engel sind anders als wir. Sie sind auch nicht irgendwelche Putten oder Wesen in weißen Gewändern. Wenn die Bibel von Engeln redet, meint sie die Erfahrung von Mächten, von Gewalten und Herrlichkeiten. Auch im Hebräerbrief ist die Herrlichkeit der Engel nur die Kontrastfolie zur unvergleichlich größeren Herrlichkeit des Sohnes und der durch ihn Erlösten und Verherrlichten.

Engel sind Mächte, die nicht schon Gott sind, die aber doch etwas von Gott darstellen und erfahrbar machen. Denn Engel heißt Bote, Repräsentant, Bevollmächtigter. Wer von Engeln redet, meint wundersame, streitende, erschütternde oder behütende Mächte. Weshalb denn auch immer wieder von den Heeren der Engel oder den himmlischen Heerscharen die Rede ist.

Im Sturm und im Orkan, in der Flutwelle, in der Explosion einer Atombombe sehen wir die schreckliche Herrlichkeit Gottes. Die ungeheuren Kräfte, die in der Schöpfung verborgen sind oder bereitgehalten werden, sind nichts anderes als Darstellung der unfasslichen Macht Gottes.

Oder umgekehrt: Wo Menschen dem so Überwältigenden begegneten, nannten sie es Gott oder Engel Gottes. Auch die Mächte der Finsternis, vor denen man nur erschrecken kann, nannten sie Engel, und zwar Engel Satans oder Dämonen. Aber nach biblischer

Auffassung war das alles nur negative Widerspiegelung der Macht Gottes, nur Kehrseite.

Denn schrecklich und fürchterlich, abgründig und vernichtend ist der Herr. Denn unter der harmlosen Oberfläche dessen, was wir für „wirklich" nehmen, sind die Mächte und Gewalten des Guten wie des Bösen nur verborgen. Und alles Herrliche, das uns begegnet, ist nur Bruchteil der Herrlichkeit Gottes, und das Unangenehme und Traurige, das uns begegnet, ist nur Bruchteil der Abgründigkeit Gottes. Aber weil es bei alledem nur um eine Ahnung von Gott geht, redet die Bibel nicht von „Dingen" oder vom „Es", sondern von Mächten wie mit dem Antlitz einer Person.

Vom Sohn heißt es, dass alle Engel ihn kniefällig verehren, dass sie sich ihm unterwerfen, dass er im Unterschied zu ihnen nicht für immer dient, sondern für immer herrscht. Für den Hebräerbrief ist das die Kult-Revolution schlechthin: Dass die hellen und die dunklen Mächte vor dem, der mit uns Mensch geworden ist, auf den Knien liegen. Er war auf Erden schwach und sterblich im Gegensatz zu den Engeln. Indem Gott ihn erwählt hat und zum Thronprätendenten gemacht hat, hat er etwas für uns alle getan. Denn wir alle sind die Brüder und Schwestern dieses Sohnes. In ihm und durch ihn hat Gott die Menschen über die Engel gesetzt. Vor alle Herrlichkeit und Macht hat er ihn und uns gesetzt.

Denn Gottes Herrlichkeit, die Macht der Engel, ist nicht das Letzte, sondern nur das Vorletzte. Gottes eigentliches Geheimnis besteht darin, dass er uns Menschen in seine intimste Nähe berufen hat.

Die Herrlichkeit der Sonne, die Unendlichkeit der Welt und der Galaxien, der Abgrund von Auschwitz und Theresienstadt, sie sind nicht das Letzte.

Sondern das Letzte ist, dass es ein Vertrauensverhältnis geben darf wie zwischen Eltern und kleinen Kindern. In diesem Verhältnis sind die Eltern bereit, den Kindern auch die Nachtruhe, ihr Herz und ihre Nerven zu geben, die Kinder dürfen und müssen alles erhoffen von den Eltern. Diese Beziehung ist nicht nur das Kostbarste unter Menschen, weil es die Brunnenstube des Lebens ist, die schönste Zeit zwischen Eltern und Kindern, sondern eine solche Beziehung gilt auch für das Verhältnis zwischen Jesus und Gott und damit zwischen uns allen und Gott.

Das Geheimnis der ganzen Welt, der wirkliche Gott, der noch weit, ja himmelweit erhaben ist über alle Herrlichkeit, ist das Geheimnis der Familie, der Kernzelle des Lebens. Das Geheimnis der Welt ist die Zärtlichkeit innerhalb einer Familie mit kleinen Kindern. In einer solchen Beziehung setzt Gott an, um alle Dinge zu verändern. Von daher, nicht von seiner Herrlichkeit her, will er uns gewinnen. Gott will Menschen, nicht Engel zu seinen Kindern machen. Er will am Ende nicht Schrecken, Erschrecken und Zittern, sondern die Faszination eines Lächelns. Das Geheimnis eines Blickkontaktes der Übereinstimmung.

Nicht nur Macht und Herrlichkeit und das Heer der Engel zählt. Das wäre der offizielle Bereich. Vielmehr gilt: Gottes Kinderstube sind wir, und mitten darin begegnen wir dem Gott, der Leben gibt.

So sehen wir also den großen Abstand zwischen Herrlichkeit und Zärtlichkeit Gottes. In der jüdischen Mystik ist es üblich, die Abstände zwischen einem Engel der Herrlichkeit und dem nächsthöheren Engel der Herrlichkeit in Längenmaßen anzugeben (Myriaden Parasangen, nämlich Zehntausende von Meilen). Gottes Geheimnis ist nicht nur eines: Hier geht es um den Abstand zwischen Herrlichkeit (erstes Geheimnis) und barmherziger Zärtlichkeit (zweites Geheimnis) Gottes. Aber man gelangt zum zweiten Geheimnis nicht ohne das erste.

Und beides gehört zum Christentum dazu. Ich höre seit langem als Inbegriff des Christentums immer nur „Gott ist die Liebe" und sehe darunter die Wahrnehmung der Schöpfungsordnungen und die Ordnung der Liturgie leiden! Denn der hehre Satz „Gott ist die Liebe" wird oft zur Rechtfertigung alles dessen, was von Menschen jeweils „lieb gemeint“ und oft phantasievoll ausgestaltet ist, aber den Respekt gegenüber dem Glanz der Ordnungen vermissen lässt. Wo es nämlich wirklich noch „Glanz“ der Ordnung gibt, kann man davon auch begeistert sich inspirieren lassen und mit engelgleicher Leichtigkeit auch handeln.

Beides hat, wie in unseren Betrachtungen hier oft deutlich wird, etwas mit dem Stichwort „Engel“ zu tun. Denn in der Schöpfung wie in der Liturgie geht es um „Herrlichkeit“ Gottes wie um „Engel“. Die Engel werden als Verwalter der Schöpfung angenommen, die „über“ bestimmte Bereiche „gesetzt“ sind, und sie sind diejenigen, mit denen zusammen die christliche Liturgie gefeiert wird. Wo sich ein Weltbezug findet, ist die Rolle der Engel eine durchaus öffentliche, denn auch Liturgie ist ja kirchliche Öffentlichkeit, öffentliche Huldigung Gottes. Für den persönlichen Glaubensbereich ist die Rolle der Engel weniger ausgeprägt.

Die Themenbereiche Schöpfung und Liturgie, Herrlichkeit und Engel gehören daher unter den hier genannten Aspekten eng zusammen. Denn es geht hier um Öffentlichkeit und Weltbezug des Christentums. Und die Mächte und Gewalten, die die Präfationen (im Eingangsteil zum Abendmahl, zum Kanonteil der Messe) nennen, sind Gottes Heere im Rahmen der Öffentlichkeit eines jeden Gottesdienstes. Der Gottesdienst konkurriert als kirchliche Öffentlichkeit jeder staatlichen. Dazu gehören die Engel in ihrer liturgischen Funktion, in der wir zumindest mit ihnen gemeinsam „Heilig, heilig, heilig“ singen.

Selbst beim Schutzengel geht es ja eher um Weltbezug als um die persönlichen Probleme des Glaubens! Denn der Schutzengel wird vor allem als der verstanden, der uns auf unseren Wegen durch die Welt und in der Zeit behütet vor allem, was droht, anklagt, auch und gerade uns nach Leib und Leben gefährdet. Die Schutzengel sind, wir sahen es bereits, eher Gottes Helfer in Sachen Schöpfung und Fortsetzung der Schöpfung in den natürlichen Dimensionen unserer geschichtlichen Existenz. Daher die Verbindung mit dem

Segen, der stets nur soweit reicht wie unser irdisches Leben. Gewiss, Engel führen uns bis zur Schwelle des Himmels, aber für unser Seelenheil ist Jesus Christus zuständig. Eine Grippe hat nicht direkt etwas mit ewigem Heil zu tun.

Das bedeutet nicht, dass die Frage nach dem Heil und der Erlösung „privat" sei, aber meinen persönlichen Glauben an Jesus Christus, auch mein Gewissen kann kein Engel erstellen oder ersetzen.

Nochmals zum „Weltbezug" der Engel: Es gibt die natürlichen Ordnungen wie Gesundheit und Familie. Und weil das so ist, gibt es auch in der Regierung Minister dafür. Es wird auch sofort erkennbar, dass diese Bereiche mit unserer Existenz in der Welt und in einem Volk zu tun haben.

Dagegen gibt es keinen Sakraments- und Erlösungsminister, auch keinen für Christentum. Denn das ist die „Ordnung der Gnade". Und der Aspekt der Schöpfung und der darin hilfreichen Engel führt immer nur bis an die Schwelle der Gnade, ersetzt sie aber nicht. Engel können Gnadenordnung offenbaren, aber nicht schaffen oder uns zueignen.

Ostern: Worauf der Glaube beruht

Als der Sabbat vorüber war, kauften Maria Magdalena und Maria, die Mutter des Jakobus, und Salome Essenzen, um Jesus damit einzubalsamieren. Sehr früh am Sonntag, bei Sonnenaufgang, gelangten sie zum Grab. Sie sagten zueinander: „Wer wird uns den Stein aus dem Eingang des Grabes wegrollen?" Doch als sie näher hinsahen, bemerkten sie, daß der große, schwere Stein weggerollt worden war. Sie gingen in das Grab hinein und sahen rechts einen Jüngling in einem leuchtenden Gewand sitzen. Da erschraken sie sehr. Der Jüngling sagte zu ihnen: „Habt keine Angst. Ihr sucht Jesus, den Nazarener, der gekreuzigt wurde. Er ist auferweckt worden. Er ist nicht hier. Hier hat man ihn hingelegt. Macht euch auf und sagt seinen Jüngern und Petrus, daß er euch nach Galiläa vorausgeht. Dort werdet ihr ihn sehen, wie er es euch gesagt hat." Eilig verließen die Frauen das Grab und rannten davon, zitternd vor Entsetzen. Der Schreck verschlug ihnen die Sprache, daher erzählten sie es niemandem. (Markus 16,1–8)

Der biblische Bericht bietet bei näherem Hinsehen eine Reihe von Kontrasten, aus der er seine Spannung bezieht. Sie beruhen darauf, dass es sich hier um eine besondere Begegnung von Gott und Mensch handelt.

Für die Frauen, die am Ostermorgen an Jesu Grab dem Engel begegnen, bedeutet das einen großen Kontrast zu dem, was sie bisher erlebt und was sie erwartet hatten: Statt des vertrauten Umgangs mit Jesus jetzt der Engel, der erschreckt.

Jesus war ein sterblicher Mensch, nun haben sie einen Boten der Ewigkeit vor sich.

Da ist ein Blitzlebendiger, wo der Tote sein sollte.

Da trägt einer ein weißes, reines Gewand, wo die Unreinheit des Todes erwartet wurde.

Die Frauen suchen Jesus, er aber ist nicht da.

Sie erinnern sich an den Gekreuzigten, er aber ist auferstanden.

Die Frauen wollen ihn in Jerusalem sehen, er aber wird sich den Jüngern in Galiläa zeigen.

Die Frauen sollen die Botschaft weitersagen, aber sie schweigen und folgen nicht dem Gebot des Engels.

Der Engel spricht mit den Frauen, doch die Jünger werden Jesus sehen.

Die Gemeinschaft der Frauen mit Jesus ist hier zerbrochen, statt dessen haben sie miteinander und mit dem Engel zu tun.

Der Tod hatte den Umgang mit Jesus nicht wirklich unterbrochen, die Auferstehung unterbricht ihn.

Das Judentum kennt einen Engel des Todes, der ins Haus des Sterbenden geht und ihn abholt. Hier dagegen ist es der Engel der Auferstehung, der den Frauen begegnet. Er ist da und schickt die Frauen weg.

Für das Judentum ist der Ort des Todes entscheidend. Dort findet der Todesengel den, zu dem er gesandt ist. Gott richtet ihn so, wie der Engel ihn trifft. Insofern hat der Sterbende keine Chance. Auch das leere Grab der Ostergeschichte ist solch ein entscheidender Ort. Auch hier ist der Engel am Ort des Toten – aber ohne die Hauptperson. Das ist die entscheidende Unregelmäßigkeit.

Der Engel sagt etwas über Gottes Handeln am Ort der Menschen, an dem Ort aller sterblichen Menschen.

Denn Gott hat hier nicht in den Tod gestürzt, sondern ins Leben berufen.

Das Grab heißt sonst im Judentum „Haus der Ewigkeit“ (Beth Olam). Hier dagegen ist das Grab Haus für zwei Tage gewesen.

Nicht erwartet

Der Engel am Grab steht daher für das Nicht-Vertraute, für das Abbrechen alles Erwartbaren. Weil dieses Abbrechen das Leitmotiv des ganzen Berichtes ist, bleibt bei den Frauen auch die Angst vorherrschend. Sie bleiben zitternd vor Entsetzen. Die begütigende Aufforderung „Habt keine Angst“ blieb hier einmal ohne Wirkung.

Das Geschehen der Auferweckung wird nicht geschildert. Das behält das Grab für sich. Genauso wenig wurde das Geschehen der Menschwerdung Gottes in Maria geschildert. Der Mutterschoß bewahrt sein Geheimnis. Grab und Mutterschoß wurden im Judentum als konträre Orte der „Aufbewahrung“ als interessantes Gegenüber wahrgenommen.

Und so ist auch die Auferweckung ein Geheimnis. Es wird nur über das Wort des Engels zugänglich. Auch das ist eine Parallele zu der Menschwerdung in Maria. Das geheimnisvolle Geschehen zwischen Gott und Mensch wird daher in beiden Fällen durch das Wort des Engels „umgangen“. Der Mensch steht Gott gegenüber. Zwischen beiden geschieht etwas Dramatisches, für die Welt Entscheidendes. Doch es bleibt verborgen für den Menschen, nur die

Folgen treffen ihn revolutionär. Über das geheime Geschehen selbst indes berichtet nur jeweils der Engel. *Siehe, du wirst empfangen …, Seht den Ort, wo sie ihn hingelegt haben …* Das geheime Geschehen ist offenbar komplex und unfassbar. Der Engel fasst es nur „elegant“ zusammen. Die Existenz des Engels an dieser Stelle und seine Botschaft, beides hat die Eleganz der geschickten Abkürzung. So kommt uns das geheime Geschehen nur als Wort des Engels zu.

Der Engel und die Leiblichkeit Jesu

Übrigens steht wie bei der Menschwerdung nach Lukas 1 auch hier das leibliche Leben Jesu auf dem Spiel. *Überhaupt sein* bei Mariä Verkündigung, *nicht mehr sein* oder doch *wieder sein* hier am Grab. Der leiblose Engel spricht beide Male über den Leib Jesu. Also war der Leib Jesu, seine Leiblichkeit ungeheuer wichtig. Und in beiden Fällen bewirkt der heilige Geist Gottes das Entscheidende. Er umhüllt Maria: Der Sohn Gottes wird gezeugt. Er bewirkt die Auferstehung Jesu; wo auch immer über die Auferweckung Jesu Näheres gesagt wird, ist der heilige Geist die Ursache.

Daher sehen wir bei Mariä Verkündigung und bei der Auferstehung folgende Parallelen:

Die Botschaft des Engels, der geheime Vorgang, Mutterschoß und Grab, Sein oder Nichtsein Jesu als Mensch, seine besondere Leiblichkeit, der heilige Geist, Geburt und Tod.

Ganz anders als die Theologie immer behauptet hat, die immer wieder nur von den Ideen Jesu sprach und von seinem Programm, ist daher die Leiblichkeit und Leibhaftigkeit Jesu wichtig.

Was bedeutet diese Leiblichkeit Jesu? Er ist Mensch wie wir – und schon in den biologisch-physischen Grundlagen ganz anders als wir. Denn wir werden auf dem üblichen Wege gezeugt und sterben auf übliche Weise.

Weil es bei Jesus so anders ist und weil das für die Zukunft der Welt so wichtig ist, verkünden Engel es und nicht nur Evangelisten.

Die Bedeutung für den Alltag ist erheblich. Denn nach jüdischem Verständnis ist Seligkeit oder Unglück immer abhängig vom Zustand des Menschen im Ganzen, also auch wesentlich vom Leib: Leib und Seele können eben nicht getrennt werden. Hätte es durch die Geschichte ein leibhaftigeres Verständnis von Christentum gegeben, wären sichtbare Frömmigkeit und erkennbare Werke der Christen nie zu einem besonderen theologischen Problemfall geworden.

Worauf der Glaube beruht

Die ältere und gängige Theologie lehrt, der Glaube der Christen an Jesus sei erst ein nachösterliches Gebilde, im Grunde ein Einfall der Jüngerkirche. Dieser Lehre entsprechend gibt es den berühmten „Ostergraben", der immer wieder Anlass war zu der Frage: Was hat die Kirche aus Jesus gemacht? Generationen von Gläubigen und Theologen haben sich mit dieser aussichtslosen Frage herumgeschlagen – was denn nachösterlich erfunden und was vorösterlich „echt" sei. Hinter dieser Frage steht die Not, dass man nicht weiß, was eigentlich verbindlich ist. Häufig setzt man „echt" und „vorösterlich" und „wahr" und „verbindlich" gleich. Dabei geben doch die Texte der Evangelien selbst an, was verbindlich ist, und das sind zum Beispiel die Engelsbotschaften in den Texten am Anfang und am Ende, bei Geburt und Auferstehung. Hier werden die verborgenen Geheimnisse mitgeteilt, die über das weit hinausgehen, was nur sichtbar ist. Gewiss gibt es verschiedene Arten von Engelsrede in den Evangelien. Die Geheimnisse im Zusammenhang mit dem Wirken des heiligen Geistes an der leiblichen Existenz Jesu ragen auch aus den Engelsberichten der Evangelien hervor. Diese Beobachtungen helfen uns zu einer wichtigen Einsicht: Auch den Evangelisten und der frühen Gemeinde ist es klar, dass die zentralen Bekenntnisse besondere Aussagen sind. Das aber, was die neuere Forschung für nachösterliche Bekenntnisse hält, ist für die frühe Gemeinde begründet in den Aussagen der Engel über die zentralen Geheimnisse.

Und umgekehrt kann man an diesen Botschaften der Engel feststellen, was für die Gemeinde in diesem Sinne wichtige Aussagen waren.

Ich halte es für reichlich verfehlt, die Tiefendimension des göttlichen Handelns, die offenbarende Engel erschließen, dadurch zu „erklären", dass man sie für nachösterliche „Schreibtischprodukte" erklärt. Als hätte man erst in der theologischen Reflexion nach Jahrzehnten erkannt, dass hier geheimnisvoll Gott am Wirken war. Darum ging es vielmehr von Anfang an.

Das bedeutet für uns heute: Die Botschaften der Engel sind geschenkte Erkenntnis, nicht konstruierte Meinungen der Gemeinde. Die Einteilung in vor- oder nachösterlich ist fehl am Platz. Vielmehr handelt es sich hier um ein besonderes Merkmal neutestamentlicher Offenbarung: Der entscheidende Vorgang bleibt verborgen und wird in seiner Substanz nur durch die Botschaft des Engels zugänglich. Das heißt: Die Offenbarung Gottes ist zweisträngig. Gott wirkt das unersetzliche Geschehen und gibt durch den Engel die unersetzliche Deutung, beides gehört eng zusammen. Es ist abwegig, die Ebene der Deutung psychologisierend nachösterlich als menschliche Konstrukte erklären zu wollen. Die Berichte selbst sagen, dass die christlichen Bekenntnisse auf Engelsbotschaft und insofern auf gottgeschenkter Einsicht beruhen. Das Problem der göttlichen Herkunft der Einsichten der Christen ist nicht durch die zeitliche Abschiebung auf Gemeindetheologie zu lösen. Vielmehr ist es so: Die entscheidenden Aussagen unseres Bekenntnisses kommen selbst vom Himmel. Wir haben es hier nicht mit Menschen zu tun, sondern mit Gott selbst und seiner eigenen Deutung der verborgenen Geschehnisse.

Eben das ist die Bedeutung für uns: Unser Glaube bezieht sich auf Gottes verborgenes oder geoffenbartes Handeln selbst – und nicht auf Theologie. Die Rede der Engel stellt genau dieses sicher: Die Deutung ist nicht menschliche Willkür, sondern in Gottes Handeln gehören Wort und Tat, Sinn und Bedeutung zusammen.

Himmelfahrt: Zeichen sein und Zeichen deuten

Und als die Jünger Jesus nachsahen, wie er in den Himmel hinauffuhr, da standen plötzlich zwei Männer in leuchtenden Kleidern bei ihnen, die redeten sie an: „Ihr Galiläer, was starrt ihr zum Himmel? Jesus ist von euch zum Himmel aufgefahren, und auf genau dieselbe Weise werdet ihr ihn auch wiederkommen sehen." (Apostelgeschichte 1,10f)

Zeichen und Wort

Im Unterschied zur Engelsbotschaft bei der Verkündigung Marias und bei der Auferstehung Jesu kommentieren die Engel hier einen sichtbaren Vorgang. Sie liefern zum Sichtbaren die passende unsichtbare Hälfte hinzu. So ergreifen die beiden Engel die Deutungshoheit über diesen Vorgang. Ähnlich ist es auch, nachdem Jesus geboren ist. Die Engel verkünden den Hirten auf dem Feld die Weihnachtsbotschaft und weisen auf das bestätigende Zeichen: das Kind in der Krippe. In Lukas 24 bei der Osterbotschaft weisen die Jünger zur Bestätigung auf das leere Grab. Der Engel, der Maria die Botschaft ausrichtet, weist auf die Schwangerschaft Elisabeths. In allen diesen Fällen wird die Botschaft des Engels durch ein innerweltliches Zeichen bestätigt. Es handelt sich um einen gestuften Offenbarungsvorgang. Zu diesem gehören das sichtbare Zeichen, das Wort des Engels mit dem Hinweis auf dieses Zeichen und das verborgene Handeln Gottes. Am Beispiel der „Himmelfahrt" Jesu in Apostelgeschichte 1 lassen sich diese Elemente gut aufweisen. Gottes Handeln ist dreistufig. Das innerweltliche Zeichen ist das unerklärliche Weggehen, das Verschwinden Jesu in der Wolke, die Worte der Engel sind die kommentierende Offenbarung. Das Handeln Gottes ist die letztmalige Offenbarung Jesu auf Erden im Rahmen der 40 Tage, bevor mit der Wiederkunft Christi dann die neue und endgültige Offenbarung eingeleitet wird. Die letzte Offenbarung im Rahmen des Erdendaseins Jesu ist der in die Zukunft gerichtete Brückenpfeiler, der sein Gegenstück finden wird, wenn Jesus wiederkommt.

Im Rahmen solchen dreistufigen Offenbarungsgeschehens ist die Rede der Engel das „mittlere Geschehen". Die Rolle der Engel darin ist nur Teil des Ganzen, aber unersetzlich wichtig. Das sichtbare Zeichen bliebe in seiner Eigenart sonst unverstanden. Denn die Rede der Engel lässt es in umfassendem Licht erscheinen. Und beide, Wort und Zeichen, weisen auf die umfassende Tiefendimension der Heilsgeschichte Gottes mit den Menschen.

Man kann sagen: Nach der jüdischen Regel der notwendigen zwei oder drei Zeugen sind sichtbares Zeichen und Worte der Engel eben zwei Zeugnisse innerweltlicher Art. Sie weisen darauf, dass das angekündigte Handeln Gottes wahr ist und sein wird. Dabei verhalten sich Zeichen und Engelsrede wie Vision (Erscheinung) und Audition (Erläuterung) in vielen klassischen Visionsberichten seit dem Propheten Amos. – Auch die Zweizahl der Engel, die für Lukas typisch ist (zwei Männer bei der Verklärung, zwei Engel am leeren Grab, zwei Engel bei der Himmelfahrt) bestätigt diese Zeugenregel.

Die besondere Zeitauffassung

Die beiden Engel sagen den Jüngern und Maria etwas über die große Chronologie Gottes, über seinen Weg, auf dem er das Begonnene vollenden wird. Die Engel tadeln, dass die Jünger hinterher blicken. Denn das entspricht einer Orientierung am Gestern. Die Jünger sollen jetzt nicht nostalgisch in der Erinnerung an die schöne Zeit mit Jesus vor Ostern und nach Ostern auf Erden verharren. Die Engel lenken den Blick auf die Zukunft. Denn wenn Jesus wiederkommen wird, dann als Menschensohn und Richter. Auch in Apostelgeschichte 14,6 nennt der Engel des ewigen Evangeliums den künftigen Richter. Und wenn der Menschensohn zum Gericht kommt, wird er danach fragen, was jetzt und bis dahin geschieht. So eröffnen die Engel mit ihrem Tadel an den Jüngern ein neues Verhältnis zur Zeit. Das Vorwärtsblicken richtet sich auf eine neue Zeit Jesu auf Erden.

Zu zweit
Am leeren Grab (Lukas 24) und bei der Himmelfahrt Jesu (Apostelgeschichte 1) gibt es nach Lukas jeweils zwei Engel. Dabei ist die Szene angeordnet, dass je ein Engel rechts und links von Jesus steht – und das Besondere beim leeren Grab ist, dass der Platz Jesu leer bleibt; ähnlich wird es auch in Johannes 20 beschrieben. Nach dem mehrfach bezeugten alten Bericht über Jesu Auferstehung kommen zum Grab Jesu zwei Engel vom Himmel herab. Sie gehen in das Grab hinein, und heraus kommen drei Gestalten. Jesus ist dann in der Mitte der beiden Engel, denn in einem Bericht heißt es, dass die beiden Engel ihn stützen. Während ihre Häupter bis zum Himmel reichen, überragt das Haupt Jesu die beiden Begleiter, weil es in den Himmel hineinragt. Im Folgenden die Version des Petrus-Evangeliums (um 80 n. Chr.):

In der folgenden Nacht, als der Sonntag heraufdämmerte, hielten die Soldaten Wache am Grab, immer zwei im Wechsel. Da hörten sie plötzlich eine laute Stimme vom Himmel her. Sie sahen, wie sich der Himmel einen Spaltbreit öffnete und zwei Männer, von leuchtendem Glanz umhüllt, von dort herabstiegen und auf das Grab zugingen. Der Stein am Eingang des Grabes geriet von selbst ins Rollen und wich zur Seite. Er gab den Eingang zum Grab frei, und die beiden jungen Männer gingen hinein.

Als die Soldaten das sahen, weckten sie den Hauptmann und die Ältesten auf, die sich ebenfalls an der Wache beteiligten. Und während sie noch berichteten, was sie gesehen hatten, bot sich ihnen ein weiterer erstaunlicher Anblick: Drei Männer traten nebeneinander aus dem Grab, die zwei äußeren geleiteten den dritten in ihrer Mitte an den Armen. Hinter ihnen kam ein Kreuz heraus. Und auf einmal reichten die beiden äußeren Männer mit ihrem Haupt bis zum Himmel, doch der, den sie in ihrer Mitte führten, überragte den Himmel, sitzend aus dem Grab herauskommen. Er wird seine Jünger aussenden. (Petrus-Evangelium 35 – 40)

Das Prinzip der zwei Begleiter des Herrschers entspricht sowohl dem persischen als auch später dem römischen Hofzeremoniell. Nicht zuletzt erfüllten die beiden Begleiter die Rolle von „Sicherheitskräften". So wie jeder Herrscher rechts und links von je einem besonders treuen Beamten umgeben war, ist es auch bei Gott. Das Prinzip der zwei Engel hat aber auch einen biblisch-alttestamentlichen Ursprung, der gleichfalls auf Persien zurückweisen könnte.

Dieses Prinzip ist nicht nur in Visionsberichten erkennbar. Jesus wendet es vielmehr schon in seinem Erdenwirken an; ein Text, der als Verbindungsglied zu den Visionsberichten angesehen werden kann, ist der von Jesu Gang nach Emmaus. Denn hier wird Jesus schon ganz früh in der Mitte der beiden Jünger schreitend dargestellt. Vor Ostern aber sendet Jesus jeweils zwei Jünger *vor sich her*, und gerade in solchen Zusammenhängen heißen die Jünger *Boten*. Selbst noch nach Offenbarung 11 werden zwei Propheten als Bußprediger gesandt. Hier wird diese Zweizahl auch alttestamentlich begründet: Sie sind die zwei Ölbäume, die nach dem Propheten Sacharja vor dem Herrn stehen. Der Ursprung für die Zweizahl sind daher sehr wohl alttestamentliche Visionsberichte, und zwar liturgisch-kultischer Art. Sie betreffen die Anordnung von Dienstpersonal im himmlischen Tempel. Hier wird der speziell jüdische Anteil an der Vorgeschichte erkennbar. Im fünften Nachtgesicht des Sacharja sieht der Prophet einen goldenen Leuchter, … *zwei Ölbäume stehen daneben, einer zu seiner Rechten und einer zu seiner Linken … Das sind die beiden Gesalbten, die vor dem Herrn der ganzen Erde stehen.* (Sacharja 4,3.11–14)

Im älteren Alten Testament hieß es noch: *Siehe, ich sende meinen Boten vor dir her* … (Exodus 23,20). Der Bote oder Engel war damals noch einer. Das ändert sich in der frühjüdischen Literatur (Qumran) und im Neuen Testament. So sendet Jesus besonders auf dem Weg nach Jerusalem die Jünger „zu zweit" vor sich her, zum Beispiel Johannes und Jakobus nach Lukas 9,51: Jesus *sandte Boten vor sich her*, und Johannes und Jakobus wollen die ungastlichen Samaritaner gleich mit Feuer vernichten. Jesus wehrt das ab. In Lukas 10,1 heißt es: *Dann berief der Herr 72 andere Jünger. Er schickte sie immer zu zweit vor sich her in jede Stadt und an jeden Ort, wohin er selbst gehen wollte.*

Gerade in solchen Texten heißen Jesu Apostel auch *Boten* (*angeloi*) (Lukas 9,52). Aber auch bei den Aussendungsberichten wird immer die Regel des „zu zweit" beobachtet. Auch der Apostel Paulus wird nie allein unterwegs sein, sondern stets mit mindestens einem Mitarbeiter (etwa Barnabas oder Timotheus). In Apostelgeschichte 14,22 erscheinen Paulus und Barnabas gar den kleinasiatischen Einwohnern als *Zeus und Hermes*; im Judentum hätte man gesagt: „Moses und Aaron", denn auch diese werden als Gottes Gesandte angesehen.

Diese „Austauschbarkeit" der zwei Engel gegen zwei Jünger ist auffallend. Von jüdischen Gelehrten ist Entsprechendes nicht überliefert. Die christliche Liturgie kennt es dann in Form von Diakon und Subdiakon, die den Zelebranten umgeben, oder in Gestalt von idealerweise zwei Ministranten. Die Liturgie der katholischen Messe bestätigt dieses Prinzip der Zweiheit durch die beiden Leuchter, die von den Ministranten getragen werden. Besonders auffallend ist das bei der feierlichen Verkündigung des Evangeliums. Wer das Evangelium im feierlichen Gottesdienst vorträgt, wird von je einem Ministranten rechts und links umgeben, die Leuchter in den Händen tragen. Denn das Evangelium ist die Grundlage des neuen Reiches, sein Grundgesetz, seine Verfassung.

Die zwei Engel in der Vision oder die zwei Jünger, die Jesus vor sich hersendet, lassen in jedem Fall den mittleren Platz für Jesus frei. Weil man davon ausgehen kann, dass Berichte von Jesus eher aus dem jüdischen Kontext als aus dem griechisch-römischen zu deuten sind, legt sich im Blick auf Sacharja 4 die Deutung nahe: Die beiden Jünger, die Jesus sendet, lassen für ihn den Platz Gottes frei. Die Richtung ist „umgedreht": Nach Sacharja 4 stehen die beiden Gesalbten zu Gott hin gewandt vor ihm (*versus deum*), nach den frühchristlichen Visionen und Aussendungsberichten sind die beiden dem Menschen zugewandt. Genau das ist der Unterschied zwischen dem Vater und dem Sohn. Der Vater wird im Himmel angebetet, der Sohn ist Bote und sendet Boten. An seiner Gottheit ändert das nichts.

Die beiden Engel an der Stelle der beiden Jünger und umgekehrt – das bedeutet für die Engel ein Zeichen der persönlichen Würde Jesu, dass sie da sind und mit wahrgenommen werden. Wir müssen davon ausgehen, dass Jesus diese Sendung zu zweit vor sich her bewusst inszeniert hat und dass dieses Detail Wesentliches über sein Selbstverständnis sagt.

Jesus inmitten zweier Engel. Das ist die „Ikone“ von Himmelfahrt und von der Auferstehung Jesu nach den alten außerbiblischen Texten. Auch das leere Grab nach Lukas setzt dieses voraus.

Es ist kein statisches Bild, sondern in jedem Fall Bewegung: Jesus geht zum Himmel hinauf oder ist gerade auferstanden und in den Himmel gegangen.

Das ist auch der Kontrast zu Sacharja 4: Dort stehen die beiden Gesalbten in Ewigkeit vor dem Thron Gottes. – Hier sind die Engel auf die Erde herabgekommen, oder sie steigen mit Jesus wieder hinauf.

In Sacharja 4 blicken die beiden Gesalbten Gott an. In Apostelgeschichte 1 blicken die Engel die Jünger an.

Die Anbetung Gottes ist ein Stück Himmel, da blicken die beiden Vertreter Israels auf Gott. Jesus dagegen ist auf die Erde gesandt, da umgeben ihn die beiden Engel so wie es im Rahmen seiner Sendung nötig ist.

Jesus ahmt das Prinzip der beiden Engel nach, indem er zwei Jünger vor sich hersendet. Er ist der, der in der Mitte geht. Das wird auch in der Mission so sein: Wo immer zwei Jünger ausgesandt sind, ist er in deren Mitte.

So ist auch Jesu Wort zu verstehen: Wo zwei oder drei in meinem Namen zusammen sind, da bin ich mitten unter ihnen.

Jesus ahmt das Prinzip der beiden Engel nach. Von ihm ausgesandte Jünger sind wie Engel vor Gott. Schon immer lag das nahe. Denn auch die beiden Ölbäume stellten ja Menschen dar. Ihre Deutung als Engel hatte ihren Ursprung darin, dass es sich in Sacharja 4 um eine Himmelsvision handelte. Entweder man versteht die beiden Gestalten als Engel – so geschieht es in den Visionsberichten – oder als Menschen, die vor Gott stehen. So tut es Jesus selbst. Der Verklärungsbericht, in dem die beiden menschlichen Gestalten rechts und links Jesus säumen, bringt nicht Engel, sondern zwei besondere Menschen als Träger dieser Tradition in Erscheinung.

Aber Jesus deutet das Ganze um: Aus der liturgischen Szene in der Vision des himmlischen Tempels macht er die Grundsituation seiner Mission. Er kommt zu den Menschen und sendet zwei Jünger voraus – oder: Inmitten von zwei Jüngern ist stets auch er selbst gegenwärtig.

III
DIE ROLLE DER ENGEL IN KLÄRUNG UND GERICHT

Leuchtende Klarheit: Durchscheinend werden für das Licht

Seit jeher verbindet man in der biblischen Religion „Engel" mit Licht, mit Reinheit und leuchtender Klarheit. Selbst die „Engel Satans" geben sich ein Aussehen als Engel des Lichts. Das alles sind Bilder, aber keine zufälligen Bilder. Denn „Himmel" und „Tag" hat man seit ältesten Zeiten Israels mit Gott verknüpft. Der biblische Gott ist ein Himmelsgott. Die Tiefe der Erde, die Finsternis und das Grab waren nie Bilder für Gott, sondern nur für den Bereich, aus dem Gott errettet oder in dem der Widersacher der Menschen wohnt.

Engel aber sind wie Gott. Sie sind nicht wirklich Gott selbst, aber spiegeln sein Licht im Widerschein eines begrenzten Abbildes. Sie sind darin ganz anders als der Mensch, der auch, auf seine Weise, Bild Gottes ist. Der Mensch ist es als ein Wesen, das hören und sprechen und in begrenztem Maße auch schöpferisch tätig sein kann. Engel dagegen sind Widerschein von Gottes Herrlichkeit, Klarheit und Eindeutigkeit. Der Mensch ist solches nie gewesen, denn stets war und ist er undurchsichtig, grau, unvollkommen und sündig.

Gott selbst ist die Fülle des Lichts. Aber wer wird nicht geblendet, wenn er das reine Licht schauen will? Daher kann niemand Gott sehen. Aber in jedem Engel ist ein „Aspekt" (wörtlich: Anblick) Gottes, ähnlich wie bei den durchsichtigen Steinchen in einem Kaleidoskop. Und die unfassliche Vielzahl der Engel ist Ausdruck dessen, dass auch zehntausend Attribute der Vollkommenheit Gott nicht hinreichend darstellen könnten. So gibt es einen Engel der Barmherzigkeit, einen Engel der Geduld – jedenfalls kann man das annehmen. Diese Vielzahl der Engel ist daher Abbild der Unfasslichkeit Gottes. Es geht also nicht nur um unser unzureichendes Sehvermögen, sondern auch um die Begrenztheit der menschlichen Sprache. Wir kennen das von der Liebe: Auch noch so viele Liebesbriefe können eine Liebe in allen ihren Aspekten nicht erfassen oder zureichend darstellen. So ist es mit dem geliebten Gegenüber: Keine Sprache kann einholen, was er oder sie ist. Jeder Engel ist ein Brief Gottes – auch ein Brief an uns Menschen, ein nicht mit Worten geschriebener Himmelsbrief. Noch ein anderes Bild eignet sich besonders: Der Regenbogen spaltet das weiße Licht in die Segmente der verschiedenen reinen Farben auf. Er bricht das weiße Licht im Spektrum der einzelnen Regenbogenfarben. Diese Farbringe, die alle aus dem einen Licht kommen, sind ein Bild für Gottes Engel. So wie der Regenbogen das weiße, reine Licht in verschiedene reine Farben bricht, so wird Gottes reine Herrlichkeit durch die vielen Engel abgebildet und erhält in ihnen einen Widerschein.

In der Geburtsgeschichte Jesu, Lukas 2,9, wird das schön formuliert: *Da trat der Engel des Herrn zu ihnen [den Hirten] und der Glanz des Herrn umstrahlte sie.* In der lateinischen Vulgata heißt das: *et claritas dei circumfulsit eos.* Der Kirchenlehrer Albertus Magnus spricht in seinem Lukas-Kommentar von einem „Licht-Zelt", das die Hirten umgeben habe. Er erinnert (wie Bonaventura) auch an Apostelgeschichte 12,7: *Mit einem Male stand der Engel des Herrn da, strahlendes Licht erfüllte die Zelle.* Der große mittelalterliche Franziskanertheologe Bonaventura kommentiert: Der Engel brachte Licht, weil er ein Kind des Lichtes war und weil er gekommen war, den zu verkünden, „der das wahre Licht ist, das jeden Menschen erleuchtet, der in diese Welt kommt." In der Nacht habe er das Licht gebracht, damit erfüllt würde, was im Alten Testament bei Jesaja im 9. Kapitel steht: *Denen, die wohnen im Bereich des Todesschattens, ist ein Licht aufgegangen.* – Luther übersetzt: *Und siehe, des Herrn Engel trat zu ihnen, und die Klarheit des Herrn leuchtete um sie.* Die Herrlichkeit, die „umgibt", ist wie ein Lichtkegel, in dessen Licht man stehen oder treten kann. Gottes Herrlichkeit wird daher als ein Raum verstanden, als eine Art Bühnenraum vielleicht, der hell erleuchtet sein muss, um gut sichtbar, um einsehbar zu sein. Die Herrlichkeit Gottes ist immer eine, die sich mitteilt; Gott hat sie nicht für sich alleine, Anteil an ihr hat, wer auf der Seite Gottes steht. Die Herrlichkeit Gottes macht auch die Engel, die erscheinen, Gott ähnlich.

Die *claritas (dei)*, die „reine, strahlende Klarheit (Gottes)“ ist im Mittelalter ein besonderes Ideal menschlicher Erkenntnis, Frömmigkeit und Erlösung, denn diese Klarheit bezieht sich auch auf den Leib. Bei Bonaventura spielt sie eine bedeutende Rolle. Gottes Klarheit ist mit seinem Wesen identisch. Wir schauen sie jetzt nur begrenzt – etwa in der Vision eines Engels. Die „Klarheit“ unterscheidet die Erkenntnis der Seligen von unserer irdischen Erkenntnis. Unsere Erkenntnis ist auch wegen der Sünde verdunkelt. Erst wenn unser Leib verherrlicht ist, besitzt er auch die reine Klarheit. Aber immer gilt: Was in der Seele lichtvolle Erkenntnis ist, das ist „reine Klarheit“ als Attribut des Leibes. Die reine Klarheit steht daher im Gegensatz zur Erdenschwere und zu irdischer Verfinsterung. Ein Satz bei Bonaventura tröstet besonders: Die reine Klarheit der Erkenntnis bringt Freude und Vergnügen hervor. Anders als Engel sind Menschen nun nie eindeutig; in ihnen findet sich immer beides, Unvollkommenheiten und Hoffnungen.

Die Bedeutung der „reinen Klarheit“ in der Theologie entspricht daher dem Interesse an Engeln. Dass Menschen in ihrem Wesen „durchscheinend“ werden für das Licht, das sie begeistert und beseelt, dass sie die Leichtigkeit „ausstrahlen“ wie Licht und nicht Erdenschwere, ist auch heute noch ein Ideal des christlichen Menschenbildes und christlicher Frömmigkeit.

Dann erschien ein zweites Zeichen am Himmel: ein großer feuriger Drache mit sieben Köpfen, darauf sieben Kronen und zehn Hörner. Mit seinem Schwanz fegte er ein Drittel der Sterne vom Himmel auf die Erde. … Im Himmel gab es Krieg: Michael und seine Engel kämpften gegen den Drachen, der ebenfalls mit Hilfe seiner Engel Krieg führte. Doch bald verließen ihn seine Kräfte, so daß er und seine Engel sich nicht mehr am Himmel halten konnten. So wurde der große Drache – das ist die Schlange der Urgeschichte, auch Satan oder Teufel genannt – mitsamt seinen Engeln auf die Erde geworfen. Und ich hörte eine laute Stimme im Himmel sagen: „Jetzt ist die Zeit der Erlösung und die Herrschaft unseres Gottes und seines Messias angebrochen. Denn der Ankläger, der unsere Brüder Tag und Nacht vor Gott im Himmel verklagt hat, wurde hinausgeworfen" … Als der Drache sah, daß er auf die Erde geworfen worden war, begann er die Frau zu verfolgen … Aber der Frau wurden die beiden Flügel des großen Adlers geliehen, damit sie zu dem Ort in der Wüste fliegen konnte, wo sie in Sicherheit vor dem Drachen … versorgt werden sollte. Der Drache aber stieß aus seinem Maul einen Wasserschwall hinter der Frau her, um sie hinwegzuschwemmen. Da kam die Erde der Frau zu Hilfe. Sie öffnete ihren Schlund und verschluckte den Wasserschwall … (Offenbarung 12,3–16)

Es war im Oktober 1989, als ich – wenige Kilometer von den historisch dramatischen Ereignissen entfernt – mit Pfarrern aus der Uckermark an Texten aus der Offenbarung arbeitete. Das Pastoralkolleg leitete Horst Kasner, Leiter des Pastoralkollegs und Vater der späteren Kanzlerin Merkel. Die intensive Lektüre der Offenbarung des Johannes interferierte mit Nachrichten über die bewegenden Ereignisse, an denen immer wieder auch einzelne Kursusteilnehmer für Stunden teilnahmen.

Auf dem Höhepunkt der dramatischen Ereignisse entstand der folgende Text, der bei der Gewissheit einsetzt, die Offenbarung 12 wegen des Sieges Michaels über alles Böse verbreitet. Allerdings bedeutet der Sieg im Himmel nicht schon Frieden auf Erden, sondern zunächst einmal Verfolgung und bitteres Leiden. Doch die Erde hilft den Verfolgten. – Mein Text richtet sich direkt an die Menschen der Leipziger Demonstration, und ich setze nicht voraus, dass es sich um Christen handelt.

„Ich möchte euch etwas fragen: Habt ihr nicht Angst, wenn ihr da vorne steht, ganz exponiert, ganz weit draußen, nahe an der Polizeikette und den wild gemachten Hunden, nur die Kerze in der Hand? Nur ein zartes, schwaches Licht. Warum habt ihr keine Angst? Ihr müsst etwas an euch haben, manchmal jedenfalls, dass keiner wagt, euch anzufassen. Ich nehme an, ihr wisst es nicht genau, warum ihr plötzlich so viel Mut habt, so viel von dem, was ich Ausstrahlung nennen will und weshalb die Starken euch fürchten. Euch ist auf Dauer niemand gewachsen.

Ich bin ziemlich sicher, dass ihr nicht viel vom Christentum wisst, von der Lehre und den Geboten, von der Bibel und von Martin Luther. Es ist etwas anderes bei euch, nicht nur, dass ihr nicht wie Hunde leben wollt, es ist mehr: Ihr habt etwas, das euch ganz sicher macht, ganz, ganz tief geborgen sein lässt. So, als ob aller Kampf schon immer entschieden ist. So, als ob es nur noch eine kurze Zeit dauern kann. Von guten Mächten wunderbar geborgen. Ihr seid solche, die nicht nur schon das Morgenrot eures Sieges sehen: Es ist vielmehr schon alles klar. Es gibt nichts Selbstverständlicheres, als so zu sein, wie ihr seid. Ihr habt keine Angst, weil die Würfel längst gefallen sind. Weil Unrecht nicht Recht werden kann. Das habe ich von euch gelernt: Es gibt da einen Unterschied zwischen den vielen kleinen Leiden, die jeder hat, und dem Feind Gottes und der Menschen, jener Macht, die menschenverachtend höhnisch immer und immer zu triumphieren scheint.

Viel mehr wisst ihr nicht, als dass doch alles klar ist. Dass das Zittern da draußen nichts mit wirklicher Angst zu tun hat, denn die ist auf der Seite der Mächtigen. Ihr wisst nur und bei alledem, dass es irgendwie und irgendwo noch etwas anderes gibt als betrügerische Macht. Diese Ahnung, die ihr habt, sie ist mir wertvoll und wie ein großer Schatz. Es ist nicht viel mehr, außer dass alles entschieden ist. Keine Lehre weiter, außer dass ihr wisst, dass ihr getragen und geborgen seid.

Eure Einsamkeit da vorne ist bitter und nach allem menschlichen Ermessen hoffnungslos. Und doch ist es, wie wenn alle guten Geister mit euch wären. Wie wenn selbst die Erde nicht platt und starr ist, sondern sich euch schützend entgegenwölbt. Wie wenn diese paar Menschlein in der Konfrontation mit der Polizei die stärksten Mächte des Himmels mit sich hätten.

Auch wenn ihr es nicht genau wisst, sondern nur ahnt: Es geht dabei nicht um mehr Geld und weiter reisen können. Es geht um ein bisschen mehr, um ein Mehr, das man schlecht benennen kann. Und ihr könnt sicher sein: Genau um dieses Mehr, das Kostbarste überhaupt, geht es auch dem höhnischen Feind Gottes und der Menschen. Man muss es nicht genau benennen, ob es Seele oder Freiheit oder Menschsein oder etwas von Gott ist. Und ich glaube, dass Menschen überhaupt nur selten viel reden können oder Genaues wissen über dieses Mehr. Nur, dass es sehr kostbar ist, dass wir es uns nicht nehmen lassen dürfen, um keinen Preis in der Welt. Dass es etwas anderes gibt als Essen und Funktionieren. Und dass dieses Licht ist und nicht Dunkel, Einverständnis und nicht Gewalt.

Wir Christen meinen auch eben dieses. Und Christentum besteht darin, sich in diesem Punkt gegenseitig zuzureden. Darüber auch zu sprechen, warum wir keine Angst haben. Auch uns geht es nur um dieses kleine Mehr. Warum es am Ende auch mehr gibt als nur dieses geliebte Leben. So verstehen wir das *Plus ultra* („darüber hinaus“), und es ist für uns nur ein Wort für den Rahmen, in den die Flügel, die uns geschenkt sind, uns immer weiter hineintragen.

Die Würfel sind gefallen, und doch ist nichts schon ausgestanden. Es ist alles entschieden und nichts ausgestanden. Wir haben keinen Grund zur Angst, und trotzdem kann es sein, dass wir uns so verlassen fühlen, dass wir den Beistand aller Brüder und Schwestern und Engel dringend brauchen.

Ich kenne viele, die nicht so sind wie ihr. Die den eisigen Wind vorne an der Polizeikette nicht kennen und auch nicht die tiefe Geborgenheit durch die Mächte des Himmels. Die euch beneiden. Ihnen werde ich sagen, dass das Versinken in Karrieredenken und ihre tiefe Hoffnungslosigkeit nur zwei Seiten desselben sind. Aber dass es Flügel gibt für unsere Seele, die Sehnsucht nach einem Mehr, das neue Qualität ist.

Und sie werden sagen, dass sich ja doch nichts geändert habe seit Jesus von Nazareth, und ich werde ihnen antworten, dass es so ist wie in einer großen dunklen Kirche in der Osternacht. Die Dunkelheit der Gewölbe ist überwältigend, die Menschen sind kaum zu erkennen. Nur Schatten. Nur ganz klein irgendwo vorne ist ein einziges Licht entzündet, die Osterkerze. Man nimmt es kaum wahr, aber es ist angezündet. Die Schatten scheinen immer noch überwältigend, doch das täuscht. Denn das wahre Licht brennt schon. Und es wird nicht für immer dauern mit der riesigen Finsternis. Denn immer mehr Menschen werden an dem einen Licht ihre Kerze entzünden, schwache Lichter von dem einen Licht."

Der Sieg des Engels ist etwas, das die Demonstranten gar nicht „wissen". Dennoch ist ihnen eine Gewissheit zugewachsen, die das Evangelium klärt, erklärt und begründet. Und das Evangelium kann diese Gewissheit auch nachhaltig machen. Eigentlich ist dieser Sieg Michaels über den Bösen, so könnte man sagen, ein zeitloses und mythisches Geschehen. Daher verwendet der Seher Johannes in diesem Kapitel auch intensiv mythische Stoffe aus der Überlieferung der umliegenden Völker. Aber alles in Offenbarung 12 spricht dagegen, dass der Seher Johannes ein mythisches Geschehen irgendwo und irgendwann gemeint haben könnte oder beschreiben wollte. Denn er erlebt die Verfolgung auf Erden sehr real. Die verfolgte Frau in diesem Text ist das messianische Gottesvolk, das den Messias hervorgebracht hat. Der Seher Johannes meint also Jesus Christus und seine Geburt aus dem jüdischen Volk, er meint die Christenverfolgung des 1. Jahrhunderts n. Chr. und feiert mit dem Sturz des Drachen das kommende endgültige Ende der Herrschaft Roms.

Doch seitdem Jesus geboren und die Offenbarung des Johannes geschrieben ist, hat alle Hoffnung der Menschen auf wirkliche Überwindung von Tyrannei ein neues Fundament.

Dass es sich um ein Engelsgeschehen handelt, den Kampf Michaels gegen den Drachen, gewinnt von da aus große Bedeutung: Wenn wir neue Ereignisse in das Licht der Bibel stellen, also etwa die Leipziger Ereignisse von 1989 im Lichte von Offenbarung 12 deuten, geschieht etwas ganz ähnliches wie sonst auch bei der Rede von Engeln. Menschen ahnen dunkel, dass sie geleitet, geführt, bewahrt werden, dass ihnen kein Feind etwas anhaben kann. Und im Lichte des Glaubens erkennen sie darin ganz klar das Wirken Gottes durch seine Engel. Die Deutung im Lichte der Bibel steht dabei wohl gar nicht in Spannung zu der Art, in der sie das Geschehen erleben. Denn das „reine Erleben" gibt es nicht. Menschen werden so gefasster, gewisser und können sich selbst leichter finden – oder eben im Zweifelsfall oder im Fall des Zweifels auch nicht.

Ich hatte gefragt: Woher kommt die märchenhafte Gewissheit dieser Menschen, ihr traumhaft sicheres Umgehen mit dem Bedrohlichsten, das ihnen ans Leben will? Sind diese Menschen von etwas getragen, das sie vielleicht erst nachher klarer erkennen können, so dass aus einer Ahnung wirklich klare Gewissheit des Glaubens werden kann? Ist nicht jede Einsicht in Geschehen „mit Engeln" immer erst nachträglich?

Ist es nicht mit der Erfahrung von Engeln gerade so, dass Menschen geführt werden, behütet werden und erst nachher merken, dass das, was sich abspielte, nicht nur ein Stück Weltgeschichte war, sondern auch ein Stück Verheißungsgeschichte, ein Abschnitt in der Wendung aller Dinge zum Guten und zum Heil?

Jedem Leser, jeder Leserin ist klar, dass wir hier nicht über wissenschaftliche Gewissheit reden, sondern über Vertrauen und Getragensein, über Angst und Geborgenheit. Und ich finde nicht, dass man die Rede über diese Dinge den Psychologen überlassen sollte, sondern dass die christologische Deutung mythischer Bilder hier weiterhilft, eine grundlegende und wichtige Erfahrung einzuordnen in einen größeren Zusammenhang, ja in den Zusammenhang schlechthin. Genau das tut Religion. Sie meint in diesem Kontext und bei diesem Thema nicht nur Innerlichkeit, sondern auch Weltgeschichte. So verstehe ich meine Deutung von Offenbarung 12 als einen bescheidenen Neubeginn christlicher Geschichtstheologie. Ich beanspruche dabei keine exklusive christliche Deutungshoheit für die Ereignisse von 1989 und habe das auch in der Anrede im Text oben deutlich gemacht. Aber ich behaupte, dass so eine gute und in sich schlüssige Deutungsmöglichkeit besteht. Die Tatsache, dass sich die ganze Offenbarung des Sehers Johannes mit einem tyrannischen Regime auseinandersetzt, erleichtert gewiss das Verständnis für meine Deutung. Übrigens bezieht Offenbarung 18 ausdrücklich auch die nicht-christlichen Märtyrer ein, deren Blut Rom vergossen hat.

Ewiges Evangelium: Anspruch Gottes

Und ich sah noch einen Engel hoch am Himmel fliegen, der sollte den Erdenbewohnern, jedem Volk und Stamm, jeder Sprachgemeinschaft und Nation, ein für immer gültiges Evangelium verkündigen. Er rief laut: „Fürchtet Gott und gebt ihm die Ehre, denn es ist Zeit für sein Gericht. Betet den an, der Himmel und Erde, das Meer und die Wasserquellen gemacht hat. (Offenbarung 14,6f)

Nach diesem Engel treten noch zwei weitere Engel auf, deren erster mit der Botschaft *Sie ist gefallen* … das Ende Babylons verkündet, deren zweiter das Ende der Anbeter des Tieres (ein Bild der Offenbarung des Johannes für den römischen Kaiser) beschreibt.

Der Engel des „ewigen Evangeliums“ richtet sich definitiv an die ganze Menschheit. Wie bescheiden muten dagegen die Evangelien an, nach denen Johannes der Täufer, Jesus und die Jünger die Menschen in Galiläa und in Jerusalem ansprechen. Hier in der Offenbarung des Johannes dagegen heißt der Gegner Rom. Ein einzelner kleiner Mensch ist diesem Gegner nicht gewachsen. Das können nur Michael und andere Engel. Die Macht, um die es geht, ist die Herrschaft über die Welt. Soweit ist es gekommen, seitdem die Großreiche bestehen und Rom sie alle in sich aufgenommen hat. Und entsprechend erscheint jetzt der staatliche Machtanspruch als Konkurrenz zu Gott. Dieser neue Anspruch, um den gestritten wird, fordert neue Vollstrecker. Eben deshalb sind in der Offenbarung des Sehers Johannes die Engel, Gottes mächtige Repräsentanten, die neue Art von global Handelnden, die die Weltgeschichte bestimmen. Denn Rolle und Botschaft erheben einen Anspruch, wie ihn nur Gott selbst erheben kann und darf. Denn es geht nicht mehr nur um Palästina, sondern um den ganzen Erdkreis. Auf ihn erhebt der römische Kaiser Anspruch und lässt sich wie ein Gott verehren. Aber Anspruch auf den ganzen Erdkreis hat nur der Schöpfer der Welt und niemand anders. Daher steht der Engel, der das „ewige Evangelium" verkündet, im Dienst des öffentlichen und politischen Anspruchs des Schöpfergottes.

Der Seher Johannes präsentiert uns hier keine überschaubare Alltagsszenerie, sondern er will und meint das Ganze. Aber auch so ist Gott noch immer zu groß für diese Welt. Selbst für einen Engel Gottes ist die gesamte Bühne der Welt gerade groß genug.

Der Adressat des „ewigen Evangeliums" ist nicht ein Einzelner, auch nicht ein kleines Volk in Palästina, sondern eben die ganze Menschheit. Dem weltweit aktiven Gegner entspricht daher der Verkündiger: ein machtvoller Engel in der Mitte des Himmels. Die Botschaft ertönt *hoch am Himmel.* Das surreale Bild lässt ahnen: So werden alle Erdenbewohner erreicht wie durch ein Megaphon. Der ästhetischen Qualität nach ist diese Szene selbst in der Apokalyptik ohnegleichen.

Hoch in der Luft fliegt der Engel. – Dass Engel fliegen, wissen wir aus biblischen Quellen nur von dieser Stelle und aus einem Vers des Propheten Daniel (9,21). Fliegen: das bedeutet Überblick, Lufthoheit, unbegrenzte Bewegungsmöglichkeit.

Deshalb ist es nicht verwunderlich, dass der Inhalt des „ewigen Evangeliums" dem Aufbau der Heidenpredigten entspricht, wie wir sie auch an anderer Stelle des Neuen Testaments (1. Thessalonicher 1,9f, Apostelgeschichte 14,17) finden. In diesen Predigten wird aufgefordert, Gott zu fürchten und zu ehren, denn er ist der Schöpfer, und es kommt das Gericht. Der Engel hier verkündet nichts anderes als Paulus und andere Missionare auch. Uns mag wundern, dass diese harte Botschaft, die so geradewegs auf Unterwerfung zielt, „Evangelium" genannt wird. Wo doch von Sündenvergebung und Sühnetod, von tröstlicher Auferstehung nicht die Rede ist. Der Sprachgebrauch schließt hier an die hinteren Kapitel von Jesaja an. Und man sollte nicht vergessen: Auch das Evangelium, das von Sündenvergebung und Erlösung spricht, verlangt Gehorsam und markiert gleichfalls nur den Weg, auf dem der eine und einzige Gott anerkannt werden und herrschen will.

Der Ruf des Engels ist allerdings auch derselbe wie der Ruf Jesu nach Markus 1,15: *Kehrt um und glaubt an das Evangelium!* Der Begriff „Evangelium" ist sichtbare Gemeinsamkeit. In beiden Fällen ist der Anspruch dieses Evangeliums extrem. Aber auch der Seher Johannes fordert in den Briefen an die sieben Gemeinden Kleinasiens (Offenbarung 2 und 3) nichts anderes als Umkehr. Insofern sieht er in dem Engel, der hier auftritt, auch sich selbst. Das ist nichts Ungewöhnliches: auch Paulus spricht davon, die Galater hätten ihn wie einen „Engel des Herrn" aufgenommen. Denn Engel, Apostel und prophetische Seher sind insgesamt Boten Gottes. Es ist das orientalische Botenrecht, das den juristischen Hintergrund bildet, auf dem die Gemeinsamkeiten zu verstehen sind.

Der innere Zusammenhang des „ewigen Evangeliums" mit dem Ersten Gebot des Dekalogs ist nicht zufällig. Denn die Welt ist und war eine, und es ist auch ein einziger Gott, der darauf Anspruch erhebt. Das frühe Mittelalter wird den Ausdruck „ewiges Evangelium" wieder aufnehmen und von Papst, Kaiser, Fürsten und Ständen die radikale Umkehr fordern (Joachim von Fiore; Bernhardin von Siena). So bleibt diesem Begriff die Universalität und Radikalität erhalten.

Das Evangelium ist „für immer gültig". Es bedarf nicht der Änderung, der Anpassung, der Modernisierung. Denn wer sind wir Menschen, dass Gottes Grundforderung unseretwegen „reformiert" werden müsste? Sie ist schlicht und ergreifend, tatsächlich zu allen Zeiten die eine. Nichts anderes ist angemessen und sachgemäß als die Unterwerfung unter Gott.

Gebet und Strafe: Engel als Mittler im himmlischen Heiligtum

Ein weiterer Engel stellte sich vor dem Brandopferaltar auf und füllte Feuerbrand in sein goldenes Räucherfass. Dazu bekam er eine große Menge Weihrauch, den er, vermischt mit den Gebeten aller Heiligen, auf dem goldenen Räucheraltar direkt vor dem Thron verbrennen sollte. So stieg der Duft des Weihrauchs, den der Engel zusammen mit den Gebeten der Heiligen dargebracht hatte, vor Gott auf. Dann nahm der Engel das leergebrannte Räucherfass, füllte es erneut mit Feuerbrand vom Brandopferaltar und kippte es über der Erde aus. So entstanden krachende Donnerschläge, Blitze und Erdbeben. (Offenbarung 8,3–5)

Engel im himmlischen Kult

Dieser Text der Offenbarung des Sehers Johannes führt uns in ein Gebiet ein, das wir bisher noch nicht kennen gelernt haben: Engel als Kultpersonal im himmlischen Heiligtum Gottes und vor Gottes Thron. Diese Rolle der Engel ist für die Geschichte des christlichen Kirchenbaus und seiner Symbolik wichtig. Bis zum Jahr 1520 ging es beim Bau jeder Kirche darum, das himmlische Heiligtum im

Ganzen abzubilden. Wer vom „Himmlisches Heiligtum“ redet, meint, Gott wohne in einem Heiligtum im Himmel, dem Muster des Tempels in Jerusalem und jedes Gotteshauses auf Erden. – Alle älteren Texte reden davon, dass Gott im Himmel Loblieder und Hymnen dargebracht werden. An Jesaja 6,3 ist erkennbar, dass es sich dabei noch nicht notwendig um ein Heiligtum handeln muss. Auch später ist – wie schon ähnlich in den Psalmen – vom „Darbringen des Lobes“ die Rede. Erst in jüdisch-christlichen Texten des 2. Jahrhunderts n. Chr. wird das „himmlische Heiligtum“ weiter entfaltet: „Im zweiten Himmel sind die Erzengel, die Dienst tun und zum Herrn Sühne darbringen für alle (unwissentlichen) Verfehlungen der Gerechten. Sie bringen dem Herrn Wohlgeruch des Räucherwerks als ein vernünftiges und unblutiges Opfer dar. ... Im vierten Himmel ... werden beständig Hymnen Gott dargebracht.“

Aus der Zeit vor dem Neuen Testament sind Texte von Qumran zu nennen, die von zweidimensionalen Engeln im himmlischen Heiligtum reden:

„Die Gestalten der Gottwesen sollen ihn loben, so auch die hochherzigen Engel der Herrlichkeit. Loben sollen ihn der Fußboden der wunderbaren inneren Kammern und die Engel der ewigen Gottwesen. Die allwissenden Engel, Treue, Barmherzigkeit und Gerechtigkeit im Allerheiligsten, Gestalten der lebendigen Gottwesen, Gestalten der leuchtenden Engel – all ihre Werke sind wunderbar verbunden, Engel in vielen Farben, Abbildungen der Gottwesen, eingeritzt im Rund der herrlichen Ziegelsteinmauern, herrliche Gestalten auf Ziegelsteinen, Glanz und Majestät. All ihre Bilder sind lebende Gottwesen, und weitere Abbildungen sind heilige Engel. Aus ihren wunderbaren inneren Kammern kommt ein Ton des tiefsten Schweigens“. (Klaus Berger, Psalmen aus Qumran, Frankfurt 1997, S. 158)

Der oder die Engel sind in diesen Texten nicht die Gesandten Gottes nach Botenrecht, die den Menschen etwas auszurichten hätten. Hier wird vielmehr eine ganz andere Ursprungslinie der biblischen und nachbiblischen Engellehre erkennbar: Engel gehören zum Hofstaat Gottes, sie sind die um Gott versammelte Jubelgemeinde. In diesem Zusammenhang, nicht im Kontext des Botenrechts, werden dann auch die verschiedenen Hierarchien der Engel unterschieden. Sie entsprechen den Hierarchien der höfischen Beamtenschaft.

Die Entwicklung der Texte verläuft hier in Richtung auf eine immer stärker kultisch ausgelegte Auffassung der Engel. Dabei werden später auch die einzelnen Tageszeiten des himmlischen Gottesdienstes unterschieden, die dann den Tageszeiten des kirchlich-monastischen Stundengebets entsprechen. Am Anfang dieser Entwicklung aber steht eine Auffassung des Himmels als Palast mit Kammern, Rangordnungen und Herrscherlob. In Offenbarung 8 wird dieses auch wegen der Vorstellung der Altäre strikt kultisch gefasst. Stärker denn je zuvor ist das Herrscherlob religiös verwandelt.

Engel des Gebets und Engel der Bestrafung

Wer einmal Messdiener/in war, hat es leichter mit dem Verständnis der Stelle Offenbarung 8,1–5. Denn er und sie weiß, dass Weihrauch nicht selbständig verbrennt, sondern nur in Verbindung mit Kohlen (oder Feuerbrand). Die Kohlen bilden im Rauchfass die Grundlage, der Weihrauch kommt hinzu. Die Kohlen kommen in diesem Fall vom Brandopferaltar, wo sie in größerem Umfang verwendet wurden. Sie werden zum Rauchopfer abgezweigt.

Das Gebet der Menschen wird schon immer mit dem Opfern von Weihrauch verglichen. Und umgekehrt hat Weihrauch in der christlichen Liturgie die Funktion, das zu Gott aufsteigende Gebet abzubilden. – Im Unterschied zum brennenden Fleisch des Brandopfers riecht Weihrauch gut und diente daher wohl seit jeher dazu, das Brandopfer erträglich zu machen.

Der Seher Johannes hat an dieser Stelle einen Engel mit doppelter Funktion eingeführt: Einmal bringt er die Gebete der Heiligen (also der christlichen Gemeinden) zusammen mit dem Weihrauch Gott dar. Auch schon in Offenbarung 5,8 werden die Gebete der

Heiligen durch himmlischen Weihrauch dargestellt. Denn ähnlich wie der Weihrauch nicht ohne Feuerbrand funktioniert, können auch die Gebete nicht allein zu Gott aufsteigen, sie werden vom Weihrauch mit empor getragen. Das liegt – nach den Regeln der apokalyptischen Vorstellungswelt – daran, dass die Gebete wegen der menschlichen Traurigkeit (und den damit verbundenen Tränen) zu feucht und daher zu schwer sind zum Aufsteigen.

Einen ähnlichen Opferengel kennen wir auch aus zwei anderen Zusammenhängen, einmal aus dem Gebet aus dem älteren Messkanon: *„Jube haec perferri per manus sancti angeli tui in sublime altare tuum …"*: „Lass, Herr diese Opfergaben, überbracht werden durch die Hände deines heiligen Engels auf deinen Altar in Himmelshöhen, vor das Angesicht deiner göttlichen Majestät". Nach manchen Auslegern ist dieser Opferengel im Messkanon Jesus selbst (so Thomas v. Aquin). Wegen der Bedeutung der Apokalypse für den christlichen Kult plädiere ich auf jeden Fall für den Ursprung in der Vorstellung des Opferengels nach Offenbarung 8. Denn Jesus vermag ich mir nicht in der Rolle eines Engels und damit gewissermaßen degradiert vorzustellen.

Der zweite Text, der für einen Vergleich infrage kommt, ist Hebräer 9,14: *Denn Jesus Christus hat sich selbst, den vollkommenen Gerechten, durch den Heiligen Geist Gott dargebracht, also nicht mehr im Bereich der schwachen Kreatur, sondern mit ewiger Geltung und grenzenloser Wirkung.* – Dass sich Jesus *durch den heiligen Geist* Gott darbringt, könnte Umsetzung einer Vorstellung vom Opferengel sein. Denn heiliger Geist und Engel haben immer wieder ähnliche Eigenschaften und Funktionen oder werden nebeneinander genannt (Apostelgeschichte 23,8.9). Die Begleitung oder Darbringung des Opfers durch den Engel oder durch den heiligen Geist würde dessen Annahme durch Gott gewährleisten. Gabriel wird *Engel des heiligen Geistes* genannt.

Aber der Opferengel von Offenbarung 8 hat auch eine andere Funktion, und diese ist der ersten entgegengesetzt. Denn die Gebete der Heiligen stehen den bösen Taten derer auf der Erde gegenüber, die nicht zu Gott umgekehrt sind. Deshalb müssen Elemente des Gerichts, also Feuer und Erdbeben, auf die Erde geworfen werden, die Angst machen und die Menschen zur Bekehrung bringen sollen. So nimmt das Feuer durch den Weihrauch eine Richtung nach oben, und durch den Engel ausgeschüttet fällt es auf die Erde. In beiden Fällen kommt das Feuer vom himmlischen Brandopferaltar, in beiden Fällen ist es dasselbe Gefäß, das den Feuerbrand transportiert. Die „doppelte" Funktion von Engeln könnte man plastischer nicht darstellen als am Tun dieses einen Engels in zwei Richtungen.

Theologische Bedeutung

Auch Jesus gebraucht, wie Johannes, politische Bildersprache, wenn er vom Königreich Gottes redet. Er verbindet damit die Verheißung von Heil für die Untertanen dieses Königs und die Hoffnung auf ein Zusammenleben in Gerechtigkeit.

Wie ein König herrscht Gott auch nach der Offenbarung des Sehers Johannes. Im Raum der Geschichte verrichtet sein Engel das Werk: Der Engel nach Offenbarung 8 garantiert höchstpersönlich, dass die Gebete der Christen bei Gott ankommen. Und andererseits sorgt er für die Einschüchterung der Gottlosen, durch theophane Vorzeichen, die er auf Erden verursacht. Dieser Engel ist daher in bestimmtem Sinne Mittler zwischen Gott und Welt. Und insofern hat er doch etwas bewahrt von der alten Funktion des Boten, beziehungsweise des Bevollmächtigten Gottes. Der Engel repräsentiert Gott in der Zuwendung zu den Erwählten (*mysterium fascinosum*, „liebevolles Geheimnis") und in der Bestrafung der Gottlosen und Verstockten (*mysterium tremdendum*, „schreckliches Geheimnis"). Insofern stellt er wirklich Gott nach den beiden Seiten hin dar, nach den beiden Aspekten, unter denen er auch in der biblischen Religion wahrgenommen wird.

Vor uns steht hier ein Mittler – ganz anders als Jesus Christus ein Mittler ist. Auch daran wird uns etwas deutlich vom Unterschied zwischen Mensch und Engel. Der Engel ist ganz ein „Bühnen-Assistent" im großen Drama der Weltgeschichte. Wie anschaulich und theologisch tiefgründig wird uns an diesem Engel ein Stück Weltregiment Gottes erklärt! Ohne diesen Engel wären wir um eine Anschauung ärmer. Und dabei geht es nicht nur um das Sehen, sondern auch um das Hören (die Gebete der Heiligen einerseits, das Krachen der Donnerschläge andererseits) und hier besonders um das Riechen (Weihrauch einerseits gegen Feuer und Schwefel andererseits). Jesus Christus dagegen ist zum Mittler geeignet, weil er ganz und gar Mensch ist. Und damit ist er nicht durch die sich überkreuzenden Linien von *mysterium tremendum* und *mysterium fascinosum* zu erfassen, sondern der Weg führt über das höchst persönliche Geheimnis seiner Person. Er ist der Gerechte und Geduldige, der freundliche und zugleich strenge Lehrer – Attribute, die kein Engel je erhält.

Erziehung: An die Grenze geführt werden

Die sieben Engel mit den sieben Trompeten stimmten ihre Instrumente. Dann blies der erste, und Hagel und Feuer, vermischt mit Blut, fielen auf die Erde herab. Je ein Drittel der Erde, der Wälder und des grünen Grases verbrannte. Der zweite Engel blies, und ein riesiger Feuerberg stürzte ins Meer. Ein Drittel des Meeres wurde zu Blut, ein Drittel der Lebewesen im Meer ging zugrunde, ein Drittel der Schiffe versank. Der dritte Engel blies, und aus dem Himmel stürzte ein großer Stern wie eine Fackel brennend auf ein Drittel der Flüsse und Quellen. Es war der Wermutstern. Ein Drittel der Gewässer wurde zu Wermut, und viele Menschen starben, weil das Wasser bitter geworden war. Der vierte Engel blies, und je ein Drittel der Sonne, des Mondes und der Sterne wurde getroffen und verfinsterte sich, so dass je ein Drittel von Tag und Nacht ausfielen. Der fünfte Engel blies, und von den vier goldenen Hörnern an den Ecken des goldenen Rauchopferaltars vor Gottes Thron ertönte ein Befehl an den sechsten

Trompetenengel: „Lass die vier Engel frei, die am großen Euphratfluss in Fesseln liegen." Die vier Engel, die dazu ausersehen waren, genau zu diesem Zeitpunkt ein Drittel der Menschheit zu töten, wurden freigelassen. Die berittenen Truppen waren, wie ich hörte, zwanzigtausendmal zehntausend Mann stark. Aber die Menschen, die nicht durch diese Qualen umgekommen waren, ließen auch jetzt nicht von ihren Götzen ab, die doch nur von Menschenhand gemacht waren. Sie beteten weiter die Dämonen an und die Götzenbilder aus Gold, Silber, Erz, Stein und Holz, die weder sehen noch hören noch laufen können. Sie ließen nicht ab von Mord, Giftmischerei, Sexgier und Räuberei. (Offenbarung 8,6–12; 9,15.20–21)

Wir werfen in diesem Text zunächst einen Blick auf die Aussagen über Strafe und Leiden auf dem Weg des Menschen zur Wahrheit. Dann erst fragen wir, welche Bedeutung die Verbindung mit Engeln hier hat.

Intensiver als sonst im Buch des Sehers Johannes werden wir eingeführt in Gottes Strafaktionen zum Zweck der Umkehr und Bekehrung. Diese Aktionen sind begrenzt, damit der Rest sich bekehrt. Nicht wenige beschweren sich über dieses Denken und meinen, es sei von gestern. Aber es ist von vorgestern und von übermorgen. Denn diese unangenehme Wahrheit wird immer gelten: Not lehrt beten, Not zwingt auf die Knie.

Nach der Sicht des Sehers Johannes kommt all dieses Unangenehme aus Gottes Hand. Denn es gibt nur einen Gott und keinen zweiten, bösen. Aber wie ist das mit Gottes Güte vereinbar? Wir reden vom guten und lieben Gott, aber dann stimmt plötzlich alles nicht mehr. Es wird deutlich, dass wir uns mit einem verkürzten Gottesbild etwas vorgemacht haben. Denn die Wirklichkeit ist damit nicht mehr in Deckungsgleichheit zu bringen. Das Geheimnis Gottes ist nicht einfach das, was wir so „Liebe" nennen, das Angenehme. Aber was heißt hier „Böses"?

Die apokalyptischen Katastrophen gehen weit über das Maß von Einzelverschuldungen hinaus. Gott führt uns an unsere Grenzen. Wir begreifen weder ihn noch den Sinn des Unheils, das uns trifft. Doch wenn Gottes Handeln dieses einzige Ziel hätte, uns an unsere Grenzen zu führen? Damit wir endlich einsehen: Wir sind nur Menschen und nicht Gott. Wir können nicht alles und in Wahrheit nur sehr wenig.

Der Zusammenhang zwischen Schmerz, Katastrophe und Anerkennung von Gottes Macht ist keine angenehme Wahrheit. Die Wahrheit über das, was wir sind, ist schmerzvoll erkauft. Aber alle Katastrophen zwingen uns in die Knie, sie sollten es wenigstens tun. Denn sie haben ihren Sinn allein darin, dass wir „Frieden mit der Wahrheit machen" und Gott allein die Ehre geben. Nicht wir sind Gott, sondern er.

Viele Wahrheiten, die wir im Leben lernen müssen, lernen wir unter Schmerzen. So kommt Erkenntnis durch Leiden, Frieden durch Annehmen der Wahrheit zustande.

Der Sinn der apokalyptischen Leiden ist allein und immer wieder nur Demut vor Gott. Dabei zerbricht unser Hochmut – unter Schmerzen. Jede Herrschaft zerbricht an Gott. Aber es gilt auch, und das sagt der Seher Johannes immer wieder: Jede Ohnmacht hat an ihm ihre Stütze.

Der Weg zur Versöhnung führt über die Wahrheit. Der Seher Johannes predigt die Versöhnung, bevor es zu spät ist. Ob wir nicht glücklicher und friedvoller leben können, wenn wir Gott allein die Ehre geben können?

Gott will etwas von uns, wenn wir leiden müssen. Freilich können wir das immer nur im nachhinein sagen. Die Bibel nennt es „Erziehung", wir würden heute sagen: Das Leiden, das Gott geschehen lässt, bringt uns dazu, Frieden mit der Wahrheit zu schließen, dass wir nicht Gott, sondern nur seine Geschöpfe sind. Die Bekehrung zu Gott nimmt hier nicht den Weg über Innerlichkeit, sondern über Erfahrung in der Welt und an menschlicher Gesundheit und kreatürlichem Leib.

Aber es ist kein Zwangsmechanismus, in den Gott die Menschen hineinstellt. Vielmehr hat alles endzeitliche Leiden den einen Sinn:

Der Spielraum besteht jetzt. Die Leiden und Schmerzen eröffnen uns letztlich Freiheit – Freiheit von allem, was nur Vorletztes ist.

So sind auch die Leiden, die uns jetzt erreichen, nur Vorletztes. Und Gott will, dass wir in mehrfacher Hinsicht davon frei werden: vor allem, weil sie nur begrenzt sind. Auch Paulus kennt dieses Argument: Lieber jetzt gezüchtigt als ewig verloren gehen. Es ist geradezu eine ärztliche Regel: Lieber rechtzeitig eine schmerzhafte Operation als unheilbare Krankheit oder schneller Tod. Diese Therapie ist hart, weil es den Menschen schlecht geht. Denn die kritischen Aussagen des Sehers Johannes beziehen sich nicht auf das Dann der Zukunft, sondern auf die Gegenwart.

Gott hat alle diese Aktionen Engeln anvertraut. Im Alten Testament hätte man vielleicht gesagt: Gott schickte den Menschen dieses und jenes. Hier aber lässt er die Geschichte durch „frei" agierende Engel gestalten. Damit wird Gott von den Geschehnissen in der Geschichte weiter weggerückt. Er selbst bleibt der geheimnisvoll unfassbare Souverän. Die Engel sind von dieser oder jener „reinen" Qualität, Gott selbst ist so wenig fassbar wie in der Thronvision nach Kapitel 4. Gottes Handeln durch die Engel lässt seine Wirklichkeit nicht als Einzelherrschaft erscheinen, sondern als gegliedertes, sinnvoll organisiertes Ganzes mit Einzelvollmachten und Einzelaufträgen. Das Tröstliche ist, dass alle diese Einzelaufträge begrenzt sind. Nur Gott selbst bleibt unbegrenzt in seiner Macht, in seiner Herrlichkeit und in der Kraft seines Lebens.

Jeder Engel, der den Menschen begegnet, repräsentiert darin, wie er begegnet und in seinen Wirkungen erfahrbar wird, eine Seite Gottes, einen Aspekt Gottes, eine Facette seines Geheimnisses. Aber eben nicht das ganze Geheimnis. So gilt gerade hier ohne Wenn und Aber das *„Deus semper maior"*: „Gott ist immer noch größer". Gott ist immer noch größer als alles, was wir am Wirken von Engeln über seinen Willen erfahren.

Und vom Menschen her betrachtet: Gerade die Kapitel 8–9 im

Buch des Sehers Johannes zeigen Menschen, die auf dem Weg sind Auf diesem Weg begegnen ihnen Engel. Aber Gott ist das Ziel dieses Weges. Die Stationen mögen je zu ihrer Zeit ein wenig fassbar sein, das Ziel ist es nicht.

Untergang: Fallhöhe der Ungerechtigkeit

Da hob ein starker Engel einen Stein auf, schwer wie ein Mühlstein, und warf ihn ins Meer mit den Worten: „So wird Babylon fallen, die große Stadt, und sie wird untergehen“. (Offenbarung 18,21)

„Platsch“ oder „plumps“: die Schadenfreude ist groß, wenn so Gewaltiges und Schweres im wahrsten Sinne des Wortes ins Wasser fällt. Der elegante, leichte Engel ist am Ende kräftiger als der schwere Stein. Der schwere Stein kann gar nichts. Er ist wie die Götzen der Heiden, leblos, tot, unbeweglich, nur noch schwer. Der Engel dagegen hat sein Leben vom lebendigen Gott. Wie leicht kann er den schweren Stein rollen.

Das Lied der Harfenspieler und Sänger, der Flötenspieler und Trompetenbläser wird verstummen in dir. Kein Handwerker, gleich welcher Zunft, wird je wieder in dir wirken. Kein Mühlwerk wird mehr zu hören sein. (18,22)

Auch dieses ein Kontrast zum dumpfen Platschen des Steins: die fröhliche Musik, das geschäftstüchtige Geräusch der Mühlen. Nach dem Platsch dagegen ist nur noch Stille. Der Apokalyptiker hat einen ausgeprägten Sinn für Geräusche. Der schwere Platsch des Steines im Meer und das Schweigen sind die Geräusche der Katastrophe.

Es geht nicht allein um die Frage der Macht. Sie ist leicht zu beantworten: Wer ist mächtiger als die größte Macht auf Erden, als die einzige Weltmacht? Antwort: Selbst ein einziger der Myriaden Engel Gottes kann mit ihr umgehen wie mit einem Sport- oder Spielgerät. Die eigentliche Frage geht weiter, denn der Mühlstein hat Hunderttausende zermalmt: *Besudelt hat sich Babylon mit dem Blut der ermordeten Propheten und Heiligen, ja aller grausam Ermordeten der ganzen Welt.* (18,24) Die Frage ist daher: Wo ist Gerechtigkeit angesichts dieser brutalen und sinnlosen Gewalt, die nur noch sich selbst will und nur dem eigenen, lastenden Gewicht folgt und noch im Sturz Tausende zerdrückt, erschlägt und zermalmt?

In den Bibel-Illustrationen der Romanik hat diese Szene die Künstler schon immer angeregt. Mühlsteine sind große, unglaublich schwere Gebilde. Ihre Wirkung verdanken sie ihrer Größe und ihrem Gewicht. Der Engel aber rollt den Mühlstein wie einen Reifen am Strand. Leicht wird der große Stein in seiner Hand. Wie schnell muss das schwergewichtige Stück im Meer versinken. Je schwerer, größer und gewichtiger der Stein ist, um so schneller muss er versinken.

So sieht der Seher das Gericht über die gottlose Macht. Im Laufe der Geschichte offenbart sich das widergöttliche Wesen immer wieder in einer Stadt. Nur deren Name wechselt. Aus dem Alten Testament kennen wir Tyrus und Babylon. Babylon heißt diese Stadt auch in Offenbarung 18. Aber jeder Leser weiß, dass Rom gemeint ist. Babylon, Tyrus, Rom, Nürnberg, Dresden, Berlin, New Yorks Doppeltürme, New Orleans. Mit den großen Städten gehen Weltmächte zugrunde. Die Macht versinkt wie ein Mühlstein im Meer. Je größer die Macht, um so kläglicher der Ausgang. In Nürnberg kann man die Trümmer des Wahns noch besichtigen.

Der leichte und bewegliche Engel ist schon in sich der reine Kontrast zu dem ungefügen Stein. Die spielerische Leichtigkeit, mit der der Engel den Stein bewegt, bildet die Souveränität Gottes ab, von der es schon im Alten Testament heißt, dass er mit dem Leviathan spielt: Mit dem schrecklichsten Ungeheuer, der Mutter aller Drachen, geht Gott um wie ein Hobbytierzüchter. Und sein Engel rollt behände und ohne Aufhebens die Weltmacht Rom in den Abgrund, in den sie gehört.

Warum ist das so in der Geschichte? Warum ist das Größte besonders eindrücklich dem Untergang geweiht? Warum ist Macht so vergänglich? Wenn Menschen das Äußerste und Größte ohne Gott versuchen, liegt die Pleite besonders nahe. Man hat das tragisch genannt. Denn Menschen sind ja irgendwie dazu berufen, das Äußerste und Größte zu versuchen. Aber auch das gilt: Je größer eine Sache wird, desto anfälliger ist sie für Unrecht. Denn je größer die Stadt ist, um so näher liegt die Versuchung der Gottlosigkeit, der Selbstvergötzung. Mit der Macht wächst die Versuchung. Und die Menschen sprechen scheinheilig dann von Eigengesetzlichkeit der Dinge.

In der Zerstörung menschlicher Übermacht konnten Menschen immer wieder die Spur von Gottes Wirken sehen. Auch wenn Gott vorerst kein Wunder zu wirken scheint – es besteht doch zumindest diese Hoffnung, dass kein Reich ewig währt. Wir alle haben diese Erfahrung gemacht: Je größer und ungerechter ein Reich ist, um so rapider geht es zugrunde. Die Fallhöhe der Macht nennt man das. Im Blick auf die Märtyrer kann man auch dieses sagen: Die Kirche hat noch immer am Grab aller ihrer Verfolger gestanden.

Der Engel in diesem Bild der Offenbarung des Johannes hat etwas ungewöhnlich Tröstendes. Das ist die Sicherheit, mit der er für Ordnung sorgt. Das ist die klare Zielrichtung, die der Mühlstein in Richtung Meer nimmt. Das ist der geringe Energieaufwand, mit dem der Engel offenkundig den Stein rollt. Hier kommt alles zum verdienten Ende, und zwar schnell und elegant. Gerade die romanische Buchmalerei zu dieser Stelle zeigt: Von Gottes und des Engels Macht her gesehen ist die Kehrseite der Vernichtung die Schönheit des Untergangs auf der Zielgeraden.

Es ist kein lieber Engel, der sich hier zeigt, sondern ein herrlicher und auch furchterregender. Doch dass die Herrlichkeit Gottes, die sich im Engel zeigt, herrlicher als die plumpe scheinbare Herrlichkeit Roms ist, das ist so überaus tröstlich.

Der Engel ist lebendig wie Gott lebendig ist. Der Mühlstein dagegen ist tot und nur noch Objekt des Versenkens. Der lebendige

Engel hat alle Herzen auf seiner Seite. Darauf kommt es entscheidend an, denn die Offenbarung des Johannes ist die mediale Inszenierung einer Geschichte, wie wir sie auch aus unseren Tagen kennen. Wichtig ist vor allem der Charme des Lebendigen, des Unmittelbaren.

Schon nach dem *Magnificat* Marias ist Gott derjenige, der die Mächtigen stürzt. Und wenn neue Machthaber antreten, gibt es ein paar Tage Zeit zum Aufatmen. Gott stürzt die Mächtigen vom Thron. Welche Hoffnung!

Und jedes Mal, wenn wieder ein Mühlstein mit lautem Platschen ins Meer gefallen ist, meldet sich die Hoffnung auf den, der stets größer ist als alles Vorstellbare. Scheitern nicht alle großen Reiche der Welt letztlich an der Herrlichkeit Gottes? Die Herrlichkeit Gottes setzt sie in das Licht, das sie verdienen. Vor der Herrlichkeit Gottes sinken die Reiche der Welt, des Todes in sich zusammen wie Kartenhäuser.

Wenn nach einer Zeit jeder babylonische Turm, jedes allzu stolze Reich einstürzt, dann wird in der Schadenfreude doch nur dann kein Nihilismus großgezüchtet, wenn die Freude sich speist aus der Hoffnung auf die große Stadt, zu der wir berufen sind. Wenn dem, was die Bibel „Hure Babylon“ nennt, wirklich das himmlische Jerusalem folgt und nicht die neue Vernichtung. Hier spitzt sich die Frage nach dem, was ist und was bleibt, entscheidend zu: Tod oder Auferstehung?

Die Antwort auf diese Frage ist nicht erst in Zukunft irgendwann wichtig, sondern schon jetzt. Unser Menschenbild jetzt ist davon abhängig. Ist der Mensch letztlich ein vergängliches Stück Biomasse, oder hat er dank seiner Berufung als Christ schon etwas von dem in sich, das aller Macht trotzt?

Wir sind nicht dazu gemacht, im Staub zu krepieren, sondern dazu berufen, frei zu werden von jeder bedrohlichen Macht. Daher ist der Glaube an Gott im Angesicht der Mächte immer dasselbe wie der Glaube an die Auferstehung.

Denn dieses ist die geheime Kehrseite der Geschichte vom Mühlstein, der ins Meer gerollt wird: Der den Engel den Stein rollen lässt, eben dieser hat ein Stück von seiner Herrlichkeit schon in unsere Herzen gelegt.

Gott muss die Vernichtung Roms nicht selbst vollbringen. Er wird auch nicht lange herumstreiten oder gar kämpfen. Gott schickt seinen Engel, denn er ist der Souverän. Er bestimmt den Lauf der Welt, keine Macht sonst.

Der Seher schaut den Engel und damit – wie auf einer Bühne der Wahrheit – die wahre und wirkliche Macht, die die Welt bewegt. Menschen aller Jahrhunderte sprechen von der Klarheit der Engel. Diese Klarheit in der Aussage über den Engel ist eine Frage der Selbstverständlichkeit, mit der Gott seine Macht handhaben lässt.

Es geht um überlegene Macht. Und dass sie so leicht und fast spielerisch auftritt, ist das eigentlich Tröstliche an diesem Bild.

Schon angesichts dieses Bildes geht es uns wie Schluchzenden. Das Unheil ist noch kaum vorbei, aber wir sind gewiss, dass Gottes Engel auf der Siegerseite steht. Wie zur Mutter früher laufen wir, wenn es Streit gab auf dem Kinderspielplatz und sie unsere Tränen von den Augen wischte – und wie nach Offenbarung 21 Gott es einst tun wird. Wir schluchzen noch, denn zu tief war der Einbruch des Bösen in die Ordnung unseres Lebens. Doch den Engel haben wir schon geschaut, und er ist ein Engel des Sieges.

Gerechtigkeit: Ungläubiges Staunen

Ein Gegenbild zur Arche ist jetzt die Taufe. Sie rettet uns dadurch, dass unser Gewissen offiziell vor Gott für rein erklärt wird. Denn Jesus Christus ist auferstanden und sitzt jetzt als unser Fürsprecher an der rechten Seite Gottes. Indem ihm die Engel, Mächte und Gewalten unterworfen wurden, ist er für uns eingetreten. (1 Petrus 3,21–22)

Gerichtsszene im Himmel
Der Verfasser stellt uns hier das Szenario eines himmlischen Gerichtshofes vor Augen. Ähnlich kennen wir dieses Bild auch aus den drei ersten Evangelien, wenn dort vom Menschensohn die Rede ist, so etwa in Lukas 12,8: *Jeder, der sich zu mir vor den Menschen bekennt, zu dem wird sich auch der Menschensohn bekennen vor den Engeln Gottes.* Und Umgekehrtes gilt auch vom Verleugnen. An anderen Stellen ist allein davon die Rede, *vor Gott* zu sein, ohne die Engel. – Demnach ist Gott Vater der Gerichtsherr, die Engel bilden das Tribunal. Sie sind in dieser Eigenschaft die Wahrer der Gerechtigkeit. Als Tribunal vertreten sie – wie im modernen Prozessrecht der Staatsanwalt – das Gesetz, und zwar nach Geist und Buchstaben. Es ist dabei klar, dass – so wie wir die Menschen kennen und insbesondere, wie die Bibel sie darstellt – kein Mensch ohne Schuld ist und keiner vor diesem Gericht bestehen kann. – Es gibt demnach in der Bibel drei grundlegende Gruppen von Engeln: Die einen sind zu Schutz und Hilfe des Menschen da, die zweite Gruppe vollzieht den Lobpreis vor Gottes Angesicht, und die dritte Gruppe bildet das Gerichtsforum. An unserer Stelle geht es um die Rolle der Engel als Tribunal, als Gottes – mehr oder weniger ständig tagendes – juristisches Gremium zur Findung von Gerechtigkeit. Um die Situation richtig zu verstehen, ist zu beachten: Es handelt sich hier nicht um das Weltgericht am Ende der Zeiten, sondern um das tägliche Gericht, von dem die Psalmen singen und das Paulus in Römer 8,31–39 bespricht (s. u.).

Das Gerichtsforum der Engel ist nun zwar streng, aber nicht unüberwindbar. Denn Jesus Christus hat dieses strenge Gremium umgestimmt. Der Mensch im Allgemeinen und im Besonderen war zunächst angeklagt und in schwieriger Situation. Aber Jesus hat für die Menschen die Situation „gerettet", und zwar offensichtlich unter Hinweis auf sein Sterben am Kreuz – auch wenn gerade dieses nicht ausdrücklich gesagt wird. Doch in beiden Texten, in Römer 8,32 („der seinen eigenen Sohn nicht schonte") wie in 1 Petrus 3,18 („für unsere Sünden gestorben") ist in unmittelbarem Zusammenhang davon die Rede.

In diesen beiden Texten lesen wir etwas, von dem wir in Katechismen, Dogmatiken und Lehrbüchern in der Regel gar nichts hören. Dass nämlich Jesus nicht „irgendwie" für unsere Sünden gesühnt hat, sondern dass unsere Rettung und unser Heil gut fassbar, juristisch exakt und rational vor Gottes Forum, vor täglichem Gericht, festgestellt wurde.

Die „Überwindung der Engel, Mächte und Gewalten" ist daher auch keine martialische Schlacht, vielmehr wird das Wort „überwinden" hier im prozesstechnischen Sinne von der Überwindung des prozessualen Gegners verwendet.

Klare Gewissheit

Hat dieses Szenario etwas Tröstliches? Es handelt sich um ein öffentliches Verfahren. Gott wird nicht bestochen oder überredet. Es geht auch nicht um Irrationales – eher um Übervernünftiges. Das Verfahren ist nicht privat, sondern es ist ein als streng bekanntes Gremium eingesetzt. – Es bleibt auch nicht bei Schmerz und Blut der Kreuzigung. Ganz nüchtern wird Recht gesprochen. Das Gremium wird die Gerechtigkeit nicht missachten oder außer Kraft setzen. Die Sünden der Menschen stehen dem Leben des Gottessohnes gegenüber, Schuld gegen Verdienst. Dem Gremium geht es allein um Gerechtigkeit. Es ist nicht voreingenommen gegenüber den Menschen. Nein, Engel sind eher misstrauisch gegenüber Menschen, wie Staatsanwälte älterer Prägung bisweilen. Aber wenn das alles vor einem gewissermaßen unabhängigen Gremium so entschieden wurde, dann dürfen wir davon ausgehen, dass das Tribunal nicht in die Revision gehen wird, sondern dass der Wert des Lebens Jesu vor dem himmlischen Forum vollständig ausreichte, um alle Sündenschuld aufzuwiegen. Es ist die Klarheit und Einsichtigkeit dieses Vorgangs, die in dieser von Christen zumeist als „unverstehbar" eingestuften und doch zentralen Sache der Erlösung die nötige

Heilsgewissheit gibt. Sie besteht darin: Unser Anwalt hat ein „Argument“ für uns: die Gabe seines Lebens. Weil er der absolut Gerechte ist – dem können sich die Richter nicht entziehen, das können sie nicht widerlegen –, ist dies unsere Rettung.

Verkündet wird dieser „Freispruch aufgrund von Stellvertretung“ bei der Taufe jedes Christen. Sie ist der Punkt im christlichen Leben, an dem die geschilderte Verhandlung vor dem himmlischen Forum akut wird und in das Leben jedes Christen eintritt. Daher nimmt unser Text auf die Taufe Bezug, die in 1 Petrus 1,2 auch so beschrieben wurde: *Besprengt mit seinem Blut und dadurch rein geworden* ... Verstehen kann man diese Wendung in 1,2 erst durch den Abschnitt in 3,18–22. Was 1,2 sakramental formuliert, ist in 3,18–22 juristisch beschrieben. Der Textabschnitt beginnt und endet mit der Befreiung von Sündenschuld durch Jesus Christus. Vers 22 heißt: „Ein Gegenbild zur Arche ist jetzt die Taufe. Sie rettet uns dadurch, dass unser Gewissen offiziell vor Gott für rein erklärt wird“: Dort steht das griechische Wort *eperotema*: „offizielle Erklärung“. Der Jurist würde sagen: Ein Akt freiwilliger Rechtsprechung, der erbeten wurde. Demnach hat das Geschehen der Erlösung zwei Pole: Jesu stellvertretender Tod am Kreuz und seine Tätigkeit als unser Anwalt zur Rechten Gottes. Diese führt zu unserem Freispruch, zur Reinerklärung unseres Gewissens. Beides sind Akte der Stellvertretung, der eine ist das Sterben am Kreuz, der andere Akt besteht darin, dass unser Anwalt sich für uns einsetzt, und zwar vor dem Forum der Engel. Der Vater ist der Richter, Jesus ist unser Anwalt. Diese beiden Punkte, Kreuz und Anwaltsfunktion des Erhöhten, verhalten sich zueinander wie die Tat und das Geltendmachen der Tat, wie die „Leistung“ und das „Einbringen der Leistung“.

Jesus als Anwalt – die Engel als Fürsprecher?

Stellvertretung ist eine fundamentale Grundlage des biblischen Verständnisses von Wirklichkeit. Dass einer für den anderen vor einem Dritten rechtsgültig etwas tun kann, gilt auch für das Verhältnis vor

Gott. Schon Abraham kann vor Gott für andere stellvertretend eintreten. In der Kirche beten wir in jedem Gottesdienst für andere. In diesem Sinne sind die Heiligen unsere „Patrone", und Maria ist die *advocata*, die Advokatin, der Rechtsbeistand derer, die sie anrufen. In der Mitte aller Stellvertretung steht der Sohn Gottes selbst, vom Vater als Stellvertreter gesandt, mit der Gabe seines Lebens und in der Kraft seiner Erhöhung.

Am Kreuz stirbt er stellvertretend für uns als der Gerechte, als Erhöhter im Himmel spricht er für uns zum Vater als der Überwinder. So hat er sich gegen alle Beschuldigung und Abwertung der Menschen durchgesetzt. Diese Einrede gegen die Menschen ging, so sagt unser Text, von Engeln, Mächten und Gewalten aus. Sie mussten – zugunsten der Menschen – überwunden werden.

Die Engel haben hier eine andere Rolle und Aufgabe als sonst: Sie sind nicht Anwälte der Menschen, sondern Anwälte der Gerechtigkeit Gottes. Erst wenn diese „Opposition" ganz klar ist, lässt sich die Rolle der Lebenshingabe Jesu Christi richtig einschätzen. Es ist ein Drama und sein Grundgesetz: Nur im Windschatten der überragenden Heiligkeit und Gerechtigkeit Jesu Christi können Menschen gerettet werden.

Aber man wird weiter fragen: Wie kommt Jesus Christus dazu, sein Leben zu geben für die Menschen? Die Antwort ist: Weil der Vater ihn zu senden bereit war, und zwar aus Liebe zu uns.

Diese Antwort lässt sich gut an dem verwandten Text Römer 8,31–39 erkennen. Auch in diesem Text spielen Engel eine entscheidende Rolle.

Wenn Gott für uns ist, wer könnte dann noch etwas gegen uns ausrichten? Gott hat seinen eigenen Sohn nicht geschont, sondern ihn zugunsten von uns allen in die Welt gegeben. Wie sollte er uns da nicht, zusammen mit dem Sohn, in jeder Hinsicht beschenken? Wer kann es wagen, gegen die Auserwählten Gottes Klage zu erheben? Gott spricht uns frei. Wer sollte uns da noch verurteilen? Jesus Christus ist gestorben, dann aber auferstanden; er ist erhöht zur Rechten Gottes und tritt für uns ein. Können Bedrängnis, Angst und Verfolgung, Hunger oder Nacktsein, Gefahr oder Hinrichtung uns noch von der Liebe des Messias zu uns trennen? … Doch weil Jesus uns seine Liebe erwiesen hat, können wir alle Versuchungen siegreich bestehen. Nicht einmal die extremsten Gegensätze wie Tod oder Leben, gute Engel oder böse Gewalten, Gegenwart oder Zukunft, liebevolle oder gefährliche Mächte, hohe Berge oder tiefe Täler oder überhaupt irgendeine Kreatur können uns trennen von Gott, der uns in unserem Herrn Jesus Christus seine Liebe erwiesen hat.

Die Übereinstimmungen mit dem Text in 1 Petrus 3 sind zahlreich: In beiden Texten wird eine Szene vor Gericht geschildert. In Römer 8 wird das erkennbar an den Stichworten *für uns … gegen uns*, die die beiden streitenden Parteien bezeichnen, am Gegensatzpaar *verurteilen … freisprechen*, am *für uns Eintreten* des Sohnes, der rechts von Gott steht als der Anwalt der Angeklagten. In 1 Petrus 3 war es ebenso das Stehen zur Rechten, die Erklärung, dass das Gewissen unbelastet sei, die Rede von der *Unterwerfung* der Gegenpartei. – Die Gegner sind nach 1 Petrus 3 die Engel, Mächte und Gewalten, nach Römer 8 sind die potenziellen Gegner immer gegensätzlich gefasst: gute Engel oder böse Gewalten, Gegenwart oder Zukunft, liebevolle oder gefährliche Mächte. Denn Paulus will überhaupt alles ausschalten, was zwischen Gott und Mensch sein könnte. Dass dabei die Stichworte Engel, Gewalten und Mächte vorkommen, wird nach allem, was wir bisher beobachteten, nicht mehr verwundern. Dabei bietet 1 Petrus 3 offensichtlich die altertümlichere Fassung, Paulus in Römer 8 die theologisch vertiefte Fassung derselben traditionellen Anschauung.

Paulus geht der Lösung des Konflikts auf den Grund. Denn er nennt den Beweggrund Gottes, die Liebe zu den Menschen.

Die Weltgeschichte ist nicht arm an Szenen des Gerichts. Im Neuen Testament werden der Prozess gegen Jesus und der gegen Paulus ausführlicher berichtet; bei Stephanus liegt kein Prozess vor, aber eine Art von Justiz, die man Lynchjustiz nennt. Die Schilderungen der

Prozesse sind deshalb auch für die Leser so wichtig, weil sie die Konfrontation von Recht und Unrecht, den Missbrauch des Gesetzes zu scheinbarem Recht und Gnade oder Verurteilung nachvollziehen können. Kurzum: Das öffentliche Forum des Gerichts und die Frage gerechter oder ungerechter Macht sind eng miteinander verknüpft. Im Märtyrer kommt dieser Kontrast zu seinem deutlichsten Ausdruck. Macht und Gerechtigkeit – wie passt das zusammen? Wo kann es zusammen existieren außer bei Gott?

In diesem grundsätzlichen Konflikt riskiert insbesondere Paulus ein auf den ersten Blick merkwürdiges Gottesbild. Denn da, wo es um Recht oder Unrecht geht, ist Gott hemmungslos Partei. Er leistet sich etwas, das sich kein Richter leisten darf, der nicht befangen sein will. Gott ist parteiisch. Gott liebt. Darf ein Richter lieben? Kommt nicht alles durcheinander, wenn ein Richter ein Liebesverhältnis zum Angeklagten hat? Und bei der Gelegenheit sogar dazu kommt, den Staatsanwalt zu entmachten? Ist Gott hier nicht, im Sinne der Logik der verwendeten Bilder gesprochen, fehl am Platz als Anwalt der Gerechtigkeit?

In unserem Text stehen die Engel und Mächte für Gottes abweisende Hoheit. Sie wehren sich gegen menschliche Eindringlinge in den Bereich der Heiligkeit Gottes. So wird die Niedrigkeit des Menschen angesichts der Herrlichkeit Gottes erfahren. Es gibt viele jüdische Texte, nach denen der Widerstand der Engel gegen die Bevorzugung von Gott sich in förmlichen Protesten äußert. Die Engel sind „neidisch“, dass Gott sich mit den geringeren Menschen abgibt. Eine ähnliche Konstellation findet sich im Gleichnis vom verlorenen Sohn, wo der ältere Bruder dagegen protestiert, dass der Vater sich dem verlorenen Sohn zuwendet. Aber mit alledem wird doch nur das Wunder der Zuwendung Gottes zu den Menschen überhaupt bedacht. Dass er sich trotz seiner übermächtigen Herrlichkeit mit den Menschen abgibt. Und so kommt es, dass nach jüdischem Denken die Engelmächte für die Wahrung von Gottes Standeswürde stehen, während das Erbarmen mit den Menschen

Gottes allereigenste Initiative ist und „hinter dem Vorhang“ seinen Ursprung hat. Und damit wird gesagt: Ist schon Gottes Herrlichkeit unfassbar, so ist seine liebevolle Zuwendung zu uns Menschen erst recht ein Geheimnis, schier unfasslich wie die letzte verborgene Souveränität Gottes selbst, seine Freiheit.

Wenn daher erzählt wird, die Engel würden von dieser Erwählung der Menschen abgeschnitten und ausgeschlossen (vgl. auch 1 Petrus 1,12b), dann wird Gottes Hoheit gegen sein Erbarmen ausgespielt, dann wird das Wunder der Annahme des Menschen so dargestellt, als habe Gott seine eigene Hoheit und Herrlichkeit überlistet. Und das alles ist Ausdruck des Staunens über das schier Unmögliche, das unfassbar Wunderbare.

Als der geheimnisvoll Verborgene handelt Gott gegen seine eigene Herrlichkeit. Er ist frei. Die Starrheit der Rangordnung ist nur die eine Seite. Gott muss sich nicht daran halten; er wird so zum Positiven hin unberechenbar. Er überspringt seine Herrlichkeit. Schon das Judentum weiß: Es gibt noch mehr als Gottes Herrlichkeit, noch weitaus Faszinierenderes: seine grundlose und übervernünftige Liebe. Herrlichkeit ist Ordnung; aber wo Gott liebt und erwählt, wird die Ordnung durchbrochen durch Gottes freie, unverstehbare Tat.

Was bei uns allzu leicht und längst gängige, abgegriffene Münze ist, dass Gott eben „die Liebe“ sei, ist in Wirklichkeit ein unvorstellbares Wunder. Was wir gewohnheitsmäßig und oberflächlich seit langem ohne Staunen konsumieren, beruht eigentlich auf der Ahnung von einer übervernünftigen Tat Gottes, stellt grundsätzlich in Frage, was gerecht, normal und erwartbar wäre. Gerecht und normal ist, dass der mächtige Gott der Hoheitsvolle und Unnahbare ist. Dass Macht dazu da ist, ausgespielt zu werden im Beherrschen oder Vernichten. Hier dagegen sehen wir eine verkehrte Welt. Gott springt über den eigenen Schatten. Die Hoheit und Gerechtigkeit begibt sich ihrer selbst und wird zur zärtlichsten Liebe. Sie bleibt auch darin streng, wie Liebe streng ist. Aber angesichts Jesu

Christi ahnen Menschen, dass es vielleicht ganz anders ist mit der Herrlichkeit Gottes: Das Erschrecken vor Gottes Schöpfermacht und vor der menschlichen Grenze wird umgekehrt und abgelöst durch die im wahrsten Sinne des Wortes faszinierende Zuwendung.

Die Ahnung, dass das Geheimnis des Seins am Ende dieses schlechthin Wunderbare ist, bedeutet seitdem etwas für jede Macht auf Erden. Noch immer erfahren wir Macht täglich als schrecklich und bedrohlich – Macht in der Hand von Menschen und Macht als Krankheit und Tod. Aber die Revolution ist schon längst eingeleitet, die einzige wirkliche Revolution. Gottes Liebe steht in Kontrast zu Gerechtigkeit und Hoheit. Dabei ist freilich Ordnung das erste, weil ohne sie Liebe gar nicht erkennbar wäre. Engel, Throne und Gewalten – so ist Gottes Hoheit. Gott ist nun aber nicht etwa beides zugleich, hoheitsvoll und erbarmend. Gott ist nicht „einfach" in diesem Sinne. Sondern er ist absolute Herrlichkeit, und die Erwählung der Menschen ist die Ausnahmesituation, ist die reine Überraschung und ein Auf-den-Kopf-Stellen aller nur möglichen Erwartung. Denn Gott hat etwas „angestellt", das unseren Vorstellungen von dem, was sich für einen Gott gehört, entgegensteht. Und wenn Gott uns Sünder gerecht macht, dann ist eben das geschehen. Wir wären glücklicher, wenn an die Stelle unseres üblichen gelangweilten Unglaubens das ungläubige Staunen über diese schier unglaubliche Tat Gottes träte.

Die „Kreaturen", die Paulus in Römer 8 aufzählt, werden nicht abgewertet. Sie bedeuten für den Menschen Vorteilhaftes und Hilfe oder Gefahr und Hindernis. Aber was auch immer sie bedeuten mögen – die Liebe zwischen Gott und Mensch ist etwas unvergleichlich anderes. Auch vom hilfreichsten Engel wird nie gesagt, dass er die Menschen liebe. Aufs Ganze gesehen gibt es zwei Punkte, an denen die Liebe Gottes zu den Menschen wirklich greifbar wird: in der grundlosen Erwählung Abrahams und Israels und in der ebenso grundlosen Sendung des Sohnes. Diese beiden Punkte sind die Substanz der biblischen Religion.

IV
DER EWIGE JUBEL DER ENGEL

Gloria: Die Grenzen zwischen Himmel und Erde aufheben

Und plötzlich war der Engel umringt von einer unüberschaubaren Schar von anderen Engeln, die lobten Gott und riefen: „Alle Ehre Gott im Himmel und Frieden den Menschen auf Erden, die Gott erwählt hat.“ (Lukas 2,13–14)

Den Ruf der vielen Engel (*Alle Ehre Gott …*) nennt man eine Lobpreisung (Doxologie), denn es wird Gott etwas zugesprochen, was ihm nach Ansicht der Sprecher oder Sänger rechtens zukommt und was von ihm ausgeht, was man von ihm erwartet. Es ist, wie wenn man die Güte Gottes preist, weil man seine Barmherzigkeit erhofft. Immer wieder stellen sich biblische Autoren die Engel als Wesen vor, die Gott in dieser Weise als Herrscher und König loben. Wir finden das schon in Jesaja 6 (*Heilig, heilig, heilig …*), aber besonders oft in den „Hymnen“ der Offenbarung des Johannes. Denn die himmlischen Scharen loben Gott als ihren Herrscher. Wie alles Schöne in der Welt, so ist auch dieses Herrscherlob ins scheußliche Gegenteil pervertiert worden – in dem Ruf „Heil Hitler!“ In der Offenbarung des Sehers Johannes heißt es *Heil dem, der auf dem Thron sitzt, und dem Lamm* … Dass die Engel Gott mit ihren Zurufen feiern, macht einen Großteil der Herrlichkeit Gottes aus. So zeigt sich: Sie ist nicht starr und statisch, sondern vollzieht sich in einer lebendigen Feier.

Wenn der Ruf der Engel soweit eingeordnet ist, lässt sich auch begreifen, wie die Umstehenden die Szene im ganzen begreifen konnten und begriffen haben. Denn der Zuruf *Alle Ehre Gott* … ist die Antwort auf die Verkündigung des Evangeliums durch den Engel in 2,10–12. In dem Evangelium wurde die Geburt des Messias verkündet, und in dem Satz *Alle Ehre Gott …* wird die feierliche, gebührende Antwort gegeben. Daher hat der Lobpreis *Alle Ehre Gott …* hier die Funktion eines Antwortgesangs. Wir finden das öfter in Bibel und Liturgie, dass ein Einzelner etwas verkündet oder ankündigt und dass dann eine große Schar bejahend antwortet.

Die Grundstruktur hat sich bis heute im Gottesdienst erhalten: Jemand liest den Text des Evangeliums vor – und alle antworten mit „Lob sei dir, Christus". Der Vorleser steht an der Stelle des Engels, der die Geburt des Messias verkündet, die Antwort der Gemeinde ist ein doxologischer Lobpreis. Dieses Gegenüber von Wort des einen und lobpreisender oder bestätigender Antwort des anderen nennt man „antiphonisch". Das heißt: Die beiden Texte hier gehören zusammen, die Verkündigung der Weihnachtsbotschaft und der Lobpreis Gottes. Oder anders gesagt: Der ausführliche Lobpreis „Alle Ehre Gott …" bedeutet mindestens soviel wie ein Amen – „So sei es".

So war es eben auch üblich, dass ein Gebet oder eine Schriftlesung, die ein Einzelner vorträgt, von allen mit „Amen" beantwortet wird. Heute nimmt diese Stelle das „Dank sei Gott" oder „Lob sei dir, Christus" ein. In jedem Falle antwortet die Gemeinde miteinander. Als Antwort auf das Gebet des Einzelnen finden wir das in 1 Korinther 14,16, als antiphonische Antwort auf einen Lobpreis in Offenbarung 7,12. Erst diese Bestätigung macht einen Einzeltext vor Gott und Menschen gültig. Dieses responsorische, antwortende „Amen" hat daher grundlegende liturgische und zugleich eine juristische Funktion. Auch aus den Texten von Qumran ist uns das gemeinsame Amen der Gemeinde geläufig. Für die Geschichte der Liturgie und der Gottesdienste bedeutet das: Die Kultgemeinde im Ganzen ist verantwortlich für das, was gesagt wird oder geschieht, und sie nimmt diese Verantwortlichkeit auf verbalem Weg wahr, durch ihre Antwort.

Liturgischer Dienst im Himmel und auf Erden

Die Übereinstimmungen zwischen liturgischen Vollzügen auf Erden mit denen im Himmel zum Beispiel nach Lukas 2 lassen aufhorchen. Das, was hier die Engel tun, kennen wir von der Gemeinde. Und deshalb ist es überhaupt nicht zufällig, dass die Gemeinde nicht viel später auch die Doxologie von Lukas 2,14 übernimmt und weiter ausbaut: *Alle Ehre Gott im Himmel und Frieden den Menschen auf Erden, die Gott erwählt hat.* Das *Gloria* der altkirchlichen und dann der orthodoxen und katholischen Liturgie ist nur die Erweiterung dieses Lobgesangs der Engel.

Die Gemeinde antwortet mit diesem erweiterten Lied ihrerseits antiphonisch auf den Gesang der Engel auf den Feldern Bethlehems. Sie verbindet es mit der dreifachen Bitte um Erbarmen. Denn wer lobt, darf auch flehen.

Grundsätzlich bedeutet das: Das orthodoxe und katholische Verständnis von Liturgie fasst den liturgischen Raum auf Erden grundsätzlich auf als ein Forum, in dem die Grenzen zwischen Himmel und Erde aufgehoben sind. Die Gemeinde auf Erden darf hinzutreten zum Chor der Engel, weil sie Zugang zum Thron Gottes besitzt. Wer das nicht verstanden hat, wird christliche Liturgie und ihre Symbolik kaum begreifen können. In jeder Eucharistiefeier singt die Gemeinde sozusagen gemeinsam mit den Chören der Engel das „Heilig, heilig, heilig …", und zwar „mit einer Stimme".

Schon die Hymnen und Psalmen aus den Höhlen von Qumran zeigen ein ähnliches Verständnis der Gemeinschaft von Engeln und Menschen beim Singen gerade der Texte, die diese „Neudichtungen" uns überliefern.

Das Gremium der Engel

Die Engel werden als Heerscharen vorgestellt. Dabei ist nicht das militärische oder gar kriegerische Element entscheidend (jedenfalls hier nicht!), sondern die Vielzahl und die Fülle. Bei jedem Heer kann die Fülle nur dann wohltuend sein, wenn sie wohlgeordnet ist, und zwar nicht „in Reih und Glied“, sondern in kleineren und größeren Kontingenten, wie wir das merkwürdigerweise von den neutestamentlichen Speisungsberichten kennen (in Gruppen zu 50 und zu 100 haben die Menschen da zusammen gefunden). Der Ausdruck „Heerschar“ ist daher wegen der Fülle (Vielzahl) und wegen der Ordnung angebracht. – Die Engel werden in diesem Sinne als Heerscharen gedacht, weil die unfassbare Fülle Gottes nicht nur in einer Gestalt, sondern nur im Widerschein fast unbegrenzt vieler wiederzugeben ist.

Die Engel bringen den Lobpreis Gott dar, das heißt: Sie stehen vor ihm, vor seinem Angesicht. Vielleicht ist die Vorstellung gerade so, wie wir es in den altkirchlichen Basiliken finden: Am Ende (beziehungsweise an der Spitze) des Raumes steht die Kathedra, der Sitz des „Vorsitzenden“, im Himmel also der Thron Gottes. Um diese Kathedra herum sitzen oder stehen im Halbkreis rechts und links, durch die Kathedra geteilt, die „Ältesten“ oder die lobpreisenden Engel. Gegenüber dem Halbkreis steht das teilnehmende „Volk“, die Masse der Menschen, die Gemeinde. Um die Kathedra im Halbkreis sitzt – anachronistisch ausgesprochen – das Domkapitel Gottes.

Ähnlich können wir uns das vielleicht vorstellen, wenn Jesus sagt, er werde sich „vor den Engeln Gottes“ zu denen bekennen, die zu ihm gehören. Die Engel sind demnach ein Forum, ein Gremium, eine Art himmlische „Instanz“, und gültig ist, was diese Instanz angenommen hat. Oder man kann sagen: Das Gremium der Engel ist eine himmlische Ratsversammlung, eine Art Senat, und dieser Senat ist auch in der Geschichte Gottes mit den Menschen unerlässlich.

Unsere Beobachtungen zeigen: Gottes Geschichte mit den Menschen ist öffentlich. In den Erfahrungen nach Lukas 2 ist es ausgeschlossen, sich das Verhältnis von Gott und Mensch als privaten Kontakt zwischen Gott und Einzelseele vorzustellen. Wie gesagt:

Das kann man auch, und spätere Jahrhunderte werden hier viel zu sagen haben. Aber hier, in diesem biblischen Text, liegt die „Erfahrung des Himmels“ gerade nicht in der Tiefe meines Herzens und in den Regungen meiner Seele, in der Berührung mit Gottes Feuer – sondern der Himmel, der Ort Gottes, ist eine kultisch geordnete Öffentlichkeit. Und in Lukas 2,13f wird nun gesagt: Die Geburt des Messias in Bethlehem ist für das himmlische Forum, im himmlischen Senat der Engel, als ein Ereignis allerersten Güte anerkannt. Dass die Engel so reagieren, zeigt, dass es sich um den wesentlichen Akt der Heilsgeschichte überhaupt handelt.

Damit ist gewiss eine besondere Konkurrenz zum römischen Reich und Kaiser beabsichtigt. Denn die Huldigung der Heere gebührt auf Erden dem römischen Kaiser. Und von dieser hier angemeldeten Konkurrenz her verstehen wir auch den Ausdruck „Friede auf Erden“, denn *pax*, Friede, war der besondere Markenartikel und das Prestigesymbol der römischen Kaiser. Frieden wollte jeder römische Kaiser als sein Verdienst reklamieren.

In der Vision von Lukas 2 wird daher eine Gegen-Öffentlichkeit gegenüber der kaiserlichen angemeldet, und sie konkurriert deshalb mit der des römischen Kaisers, weil sie das Gut des Friedens für sich in Anspruch nimmt.

Denn der Gott Jesu Christi ist der Schöpfer, und wo der Schöpfer wirkt, kann die Erde und der Friede auf Erden nicht außer Betracht bleiben. Wo der Schöpfer wirkt, kann das Evangelium nur universal sein.

Sanctus: Die Abhängigkeit loben

Jeder, der auch nur halbwegs mit der christlichen Liturgie vertraut ist, kennt das „Dreimal heilig“ aus der sogenannten Präfation. Diese große Danksagung im Abendmahlsgottesdienst beziehungsweise in der Messe steht vor dem Zitat des Abendmahlsberichts und endet mit einem Passus, der so oder ähnlich lautet: „Es ist in Wahrheit würdig und recht ..., dir immer und überall dankzusagen ... durch Christus, unseren Herrn. Durch ihn loben die Engel deine Majestät, die Herrschaften beten sie an, die Mächte verehren sie zitternd. Die Himmel und die himmlischen Kräfte und die seligen Seraphim feiern sie jubelnd im Chore. Mit ihnen lass, so flehen wir, auch uns einstimmen und voll Ehrfurcht bekennen: Heilig, heilig, heilig, Herr Gott der Heerscharen. Himmel und Erde sind erfüllt von deiner Herrlichkeit. Hosanna in der Höhe!"

Hier werden aus dem Bereich des Himmels zahlreiche Engelsgruppierungen genannt: Engel, Herrschaften, Mächte, Himmel, himmlische Kräfte, Seraphim.

In einem sehr frühen Text hat die Alte Kirche diesen Lobpreis aufgenommen. Dieser Text, das „Te Deum", heißt auch „ambrosianischer Lobgesang". Er beginnt so, wie eine Präfation endet:

Gott, dich lobpreisen wir, als Herrn bekennen wir,
dich, ewiger Vater, rühmt alle Welt.
Es rufen Engel, und es rufen Himmel,
Mächte des Weltalls rufen dir zu,
Cherubim, Seraphim mit lauter Stimme
Heilig, heilig, heilig bist du,
Gott, Herr der Heere, der himmlischen, alle,
Himmel und Erde erfüllt schon dein Ruhm.

Einfach Gott loben. Wie ein Blumenstrauß am Hochzeitstag ist dieses Lied. Die Abhängigkeit, die vollständige Abhängigkeit so fassen, dass es nicht peinlich ist. Wenn unsere Anbetung schön ist, wenn sie so schön ist wie Mozarts Te Deum, lässt sie uns für einen Augenblick vergessen, dass wir Staub sind. Denn Charme, Charisma kommt von *Charis*, Gnade. Die Schönheit der Musik ist schon ein Stück Gnade, in die wir eintreten, wenn wir nur anfangen zu singen.

Es ist wie ein Stufenbau. Zuerst das Schweigen. Von allen Welten und Galaxien sagt ein Lied: Sie loben dich mit Schweigen. Das Schweigen der Galaxien ist wie ein Verstummen vor Gottes Herrlichkeit.

Aber über das Verstummen hinaus gibt es dann eine erste Antwort: Heilig, heilig, heilig. Du bist heilig, du bist herrlich. Es sind nicht viele Worte, dieser erste Schritt über das Verstummen hinaus.

Der Religionswissenschaftler Rudolf Otto berichtet von einem Sabbatgottesdienst in einer ärmlichen Synagoge in Marokko. Aus dem Stimmengewirr schälte sich dieses mit einem Male heraus. „Kadosch, kadosch, kadosch adonaj“: „Heilig, heilig, heilig bist du Gott“. – Und es sei ihm durch alle Glieder gefahren, dieser erhabenste Gesang, den Menschen je formuliert haben.

Das beginnen wir als Christen gerade wieder zu lernen. Dass Gott heilig ist und wir nicht. Dass wir nichts mehr tun dürfen, dass unsere Hände gebunden sind und wir uns nur noch beschenken lassen dürfen.

Es wird auch gar nicht gesagt, warum wir Gott loben. Nur dieses eine: Weil Gott Gott ist. „Denn er ist heilig und sehr herrlich“. Ähnlich auch das Gloria der Messe: „Wir danken dir für deine große Herrlichkeit, denn du allein bist heilig, du allein der Herr“.

Über Menschen steht hier nur ganz wenig. Aber viel, sehr viel über die himmlischen Mächte, die Gott loben. Die bunte Herrlichkeit der vielen Mächte, die schon selbst unvorstellbar und geheimnisvoll ist, kann doch die Herrlichkeit Gottes nicht fassen. Er ist das Geheimnis der Welt, das uns auf die Knie zwingt.

Doch wir fragen nüchtern: Warum? Wozu soll das gut sein, Gott zu loben? Die Christenheit, in der der Hymnus vor anderthalb Jahrtausenden entstand, fragte nicht so, sondern anders: Warum gerade *diesen* Gott? Warum den *einen* Gott, warum den Gott der ganzen Welt? – Anstelle der vielen Götter. Und diese Frage bringt uns dem Text tatsächlich näher: Denn die vielen Götter sind ganz modern, sind wieder hoch im Kurs. Die Göttin Gesundheit, die Göttin Sex, die Göttin Umfrage, Medienpopularität. Wir fühlen uns ganz wohl dabei, die Götter gegeneinander auszuspielen. Vor allem: Was tun wir nicht alles für die Gesundheit, die wir uns vor allem wünschen.

Zwei Dinge habe ich in meinem Leben gelernt: dass es Gott gibt und dass ich es nicht bin.

Auch die grellen Blitzentladungen aus dem ICE-Kabel mit zigtausend Volt sind kein Abbild von Gottes Herrlichkeit. Gottes Herrlichkeit ist größer, unfassbar.

Die Atheisten sagen: Wir können diese Herrlichkeit nicht sehen, und darum gibt es sie nicht. Aber schon die Propheten vor fast dreitausend Jahren sagten: Wir würden geblendet und müssten schier vergehen, sähen wir sie. Sie ist heller als tausend Sonnen. Und noch Paulus vor zweitausend Jahren war drei Tage lang blind, nachdem er vor Damaskus die Herrlichkeit Gottes am Auferstandenen gesehen hatte.

Doch man kann Gott nicht immer loben. Reizt es uns nicht oft, ein „Anti-Te Deum" zu dichten und zu singen? Aus dem brennenden Warschauer Ghetto von 1944 schreibt der Jude Jossel Rakover: „Ich kann dich nicht loben für die Taten, die du duldest. Ich segne und lobe dich aber für deine schiere Existenz, für deine schreckliche Größe. Wie gewaltig muss sie sein, wenn sogar das, was jetzt geschieht, auf dich keinen Eindruck macht?" Gott loben für seine schiere Existenz, das tut auch das Te Deum. Denn Gott, das meint für uns: den Schöpfer. Wir loben Gott für Himmel, Sonne, Mond und Erde. Und wir lesen doch auch: Und Gott sah, dass das gut war, was er getan hatte. Und wir loben es und sagen: Gott, du bist groß.

Aber was die übrigen Dinge angeht, für die Gott wahrscheinlich gar nicht verantwortlich zu machen ist, für die könnte gelten: Gott lässt immer eine Stelle übrig, an der wir ihn loben können. Auch das ist eine jüdische Haltung: Mein Zimmer an der Heidelberger

Fakultät teilte ich ein paar Jahre lang, bis zu dessen Tod, mit dem jüdischen Talmudlehrer Max Majer Sprecher. Er war mehrfach in Auschwitz gewesen. Zu seinem Schicksal meinte er: „Solange die Sonne und der Mond noch aufgehen, solange die Sterne noch bestehen, gibt es noch immer einen Grund Gott zu loben. Gott lässt immer eine Stelle übrig, an der wir ihn loben können."

Wir reden von dem, was groß ist im Universum, und von den Mächten des Universums, dass sie eine Ansichtskarte von Gottes Herrlichkeit sind, Abglanz, bescheidenes Abbild. Fast tausend Jahre nach der Entstehung des Te Deums wird dann Franz von Assisi in seinem Sonnengesang sagen: „Gelobt seist Du, Herr, mit … Schwester Sonne …, Gelobt seist Du durch Bruder Mond und die Sterne, … durch Bruder Wind und Luft und Wolke und Wetter …, durch Schwester Quelle …" „Lobt und preist den Herrn! Danket und dienet ihm", sagt er zum Schluss, „in großer Demut".

Demut ist genau das, was auf unserer Seite dem *„Laudamus"* wirklich entspricht. Dann werden wir auch das wieder in der Lage sein zu tun, was uns jetzt fehlt: Wir werden das Gras wachsen hören können, und dazu muss man sich tief zur Erde hinbeugen. Wer es tut, wird Entwicklungen rechtzeitig vorhersehen und der Natur ihre Geheimnisse ablauschen können. Sich tief beugen ist ein anderes Wort für Demut. Auf die Dinge selbst hören können. Größe heißt immer: unsere Größe angemessen berücksichtigen, nicht über unsere kleinen Verhältnisse leben. Aber wie gerne sagen wir auch Menschen, die wir lieben: Wie schön, dass es dich gibt.

Herr, danke, dass es mich noch gibt, danke, dass ich dich loben kann. Und so ist der Fortgang des Te Deum:

Gott, dich lobpreisen auch die Apostel,
auch der Propheten glanzvolle Schar
und der Märtyrer leuchtendes Heer.
Über den Erdkreis die heilige Kirche

bekennt als den Vater dich, voll Majestät,
dich als den Sohn, der einzig und wahr,
verehren sie alle,
dich als den heiligen Geist, unsern Tröster,
bekennen sie alle.
Christus, du herrlicher König,
ewiger Sohn des Vaters,
um zu befreien die Menschen
scheust du den Schoß nicht der Jungfrau,
besiegtest den Stachel des Todes
und öffnest das Himmelreich den Glaubenden.
Du sitzt zur Rechten des Vaters,
dort in der Herrlichkeit Gottes,
und wirst kommen als Richter,
so bekennt unser Glaube.

Auf den Lobpreis folgt das Bekenntnis. Und deshalb schwenkt der Blick vom Himmel auf die Erde. Statt Engel, Cherubim und Seraphim treten jetzt Apostel, Propheten, Märtyrer und die Kirche auf. Und sie loben nicht einfach Gottes Heiligkeit und Herrlichkeit. Sondern sie bekennen den Vater, den Sohn und den heiligen Geist.

Mich bewegt das sehr: „Du hast nicht gescheut der Jungfrau Schoß“: Das heißt doch: Du, der Sohn des ewigen Vaters, wolltest den Leib eines einfachen Mädchens aus Palästina zu deinem Tempel machen. Du warst dir nicht zu schade, Mensch zu werden. Du hast Sklavengestalt angenommen. Du bist uns in allem gleich geworden, die Sünde ausgenommen. „Du hast nicht gescheut der Jungfrau Schoß“: Du bist nicht davor zurückgeschreckt, du hattest keine Angst und keine Beklemmungen davor, du hattest den Mut, sterblicher Mensch zu werden. Denn von einer Frau geboren werden, heißt, sterblicher Mensch zu werden. Darin liegt der Unterschied zu allen Engeln, wie die Engel Gottes in den fiktiven Gesprächen, die sich die Rabbiner ausdenken, immer wieder hervorheben.

Der Mensch ist nur von einer Frau geboren. Auch Jesus, obwohl er doch Gott ist.

„Du hast uns befreit" – das ist die Kernaussage, und sie wird entfaltet im Sieg über den Stachel des Todes. Der Tod hat einen Stachel, denn er ist wie ein giftiger Skorpion, der jeden tödlich sticht.

Doch das Te Deum ist ein Siegeslied. Denn dieser König kam und er sah und siegte. Er kam nach neun Monaten im Schoß eines jüdischen Mädchens, er sah die Menschen in ihrer Not, er siegte über den Tod.

Und deshalb müssen wir auch keine Angst haben, wenn er als Richter kommt. Weil du so herrlich bist und weil du der Sieger bist und weil du uns befreit hast, müssen vor deinem Kommen als Richter nur der Tod und seine engsten Kumpanen Angst haben.

An zentraler Stelle, in der Mitte, ist von der Kirche die Rede. „Dich bekennt die heilige Kirche, ausgebreitet über den ganzen Erdkreis". Das Te Deum zu singen, würde der Kirche gut tun! – Auf Lobpreis und Bekenntnis folgen, wie in den Psalmen des Alten Testaments, die Bitten:

„Dich also kommen wir zu bitten":
Hilf uns, die wir dir dienen,
die dein kostbares Blut erkauft hat.
Lass uns mit all deinen Heiligen
Herrlichkeit ewig genießen,
Rettung bring, Herr, deinem Volke
und segne du, die dir gehören,
lenke die einen und führe die andern
in die Ewigkeit.
Dich preisen wir heute und morgen
und loben stets deinen Namen, für immer und allezeit.
Bewahre uns gütig, Herr, heute vor Sünde.
Erbarme dich unser, Herr, schenk uns Erbarmen.
Herr, dein Erbarmen lass uns erfahren,

all unsre Hoffnung ruht doch auf dir.
Weil ich auf dich gehofft, Herr,
geh ich niemals verloren.
(Neuübersetzung des Te Deum: Christiane Nord)

Im Unterschied zu den Fürbitten, die wir öfter im Gottesdienst formulieren, sind diese Bitten weder moralisch noch reine Klage. Sie sind voller Hoffnung und Zuversicht. Der letzte Satz ist deshalb voll Zuversicht: Auf dich, Herr, habe ich gehofft, so werde ich niemals Schaden und Schande erfahren.

Hier ist noch einmal die Anrede: „auf dich, Herr". Auf dich, Herr habe ich vertraut im Sichtbaren. Wieviel mehr werde ich es angesichts des Unsichtbaren tun wollen und müssen, das auf mich zukommt, das auf uns alle zukommt. Aber das Unsichtbare ist auch jetzt schon.

Zu unseren Bitten sagt eine Psalmenversion von der Hallig Hooge, dem kleinen Landfleck mitten im Meer: „Der Herr ist meine Warft, meine Zuflucht inmitten des Meeres. Er leitet mich, wenn ich die Watten durchziehe, und bei aufkommendem Nebel lässt er mich nicht aus den Augen. Er lässt mich wieder heimkehren um seines Namens willen. Und wenn von Nordwest des Todes gewaltige Fluten kommen und die kleine Hallig überwinden, fürchte ich mich nicht, denn du bist meine Warft, mein Schutz im Brüllen der Wogen."

Dass ich nicht verloren gehen werde, mache ich an Jesus fest. *„Tu rex gloriae Christe"* nennt ihn das Te Deum. Mein Buch „Jesus" endet mit einer mittelalterlichen Fortsetzung, die sich nur auf Glocken findet, aber auf hunderten: *„Tu rex gloriae Christe, veni nobis cum pace"*: „Christus, herrlicher König, komm zu uns mit deinem Frieden".

Freude: Heiter und gelöst

Eine Frau hatte zehn Groschen. Einen hat sie verloren. Sie zündet ein Licht an, fegt das ganze Haus und sucht sorgfältig, bis sie die Münze findet. Als sie sie wiedergefunden hat, ruft sie ihre Freundinnen und Nachbarinnen zusammen und ruft: „Freut euch mit mir! Der Groschen, den ich verloren hatte, ist wieder da! Ich habe ihn wiedergefunden." Ich versichere euch: Genauso werden sich Gottes Engel freuen über einen einzigen Gottlosen, der umkehrt. (Lukas 15,8–10)

In dem Parallelgleichnis vom verlorenen Schaf heißt es: *Ich kann euch versichern: Genauso freut sich Gott über einen einzigen Gottlosen, der umkehrt, anstatt über 99 Gerechte, die keine Umkehr brauchen.* (Lukas 15,7) Der Freude bei den Engeln entspricht hier die Freude bei Gott. Ob Lukas das als Steigerung empfunden hat, hier von der Freude der Engel zu berichten? Jedenfalls meint er wohl kaum Verschiedenes.

Freude der Engel – das kann man sich kaum vorstellen. Wenn es ein Künstler dargestellt hätte, müssten die Gesichter der Engel wohl ähnlich aussehen wie die der klugen Jungfrauen am Nordportal des Magdeburger Domes, heiter und gelöst. Relativ oft erwähnt die lateinische Liturgie die Freude der Engel. So wird das Bild vom Hirten aus dem vorangehenden Abschnitt aufgenommen und auf Jesus bezogen: „Er selbst, der den durch Teufels Trug verlorenen Menschen auf seinen Schultern trägt, möge, um den Engelssturz zu heilen, die Engel erfreuen durch die Reinheit eurer Bekehrung." Hier stoßen wir auf ein Motiv, das der mittelalterlichen Theologie sehr vertraut ist: Die Erlösung der Menschen soll die Zahl der nach Genesis 6 gefallenen Engel wieder auffüllen. So wird die Freude der Engel in Lukas 15 erklärt, denn die Engel freuen sich, wenn ihre Zahl wieder vollständig ist. – Die Zahl *hundert* wird ebenfalls aus dem vorangehenden Gleichnis aufgenommen, wenn es heißt: Nachdem Maria Magdalena laut Lukas 7 durch Vergießen von Tränen sich bekehrt hatte, haben einhundert Engel sie im Himmel beglückwünscht. – Die Zeitform des

Futur „es wird große Freude sein“ ist für manche Gebete Anlass, von einer Freude der Engel erst zu sprechen, wenn diese Menschen endgültig im Himmel angekommen sind. Relativ offen bleibt das in diesem Gebet: „Die Mutter Gottes möge euch führen zu den hoch festlichen Freuden der Engel.“

Es ist, wie wenn sie in die Hände klatschten, wie wenn sie ein Freudenkonzert mit Mozart-Melodien gäben. Es ist reine, selbstlose Freude, weil der Himmel gewonnen hat. Und der bekehrte Sünder weiß: Bei aller Anfechtung, die auf ihn zukommen wird, hat er ein großes Lager von Freunden. Jesus sieht ohne Frage das himmlische Fest als Steigerung seiner eigenen Freude, wenn er sagt, dass Engel ein Fest feiern. Und man darf Jesus zutrauen, dass er angesichts bekehrter Sünder auch mit diesem und allen Jüngern und Jüngerinnen, die erreichbar waren, ein Fest gefeiert hat.

Aber wie verhält sich zur Freude der Engel die Häme der Engel? Paulus redet davon, wenn er in 1 Korinther 4,9 sagt: *Doch uns Apostel hat Gott offenbar als billige Ausschussware gedacht, als wären wir sowieso zum Tode verurteilt. Denn für die ganze Welt, für Engel wie für Menschen, sind wir die Witzfiguren einer Jahrmarktskomödie.* – Wir fragen: Sollten sich die Engel nicht grämen, wenn Paulus verkannt und verfolgt ist? Paulus setzt doch voraus, dass sie sich über ihn lustig machen – wie die ungläubige Welt auch. – Nun darf man als Bibelleser und als Ausleger nicht ohne weiteres Lukas und Paulus über einen Kamm scheren. Aber merkwürdig ist dieser Widerspruch schon. Vielleicht führt er uns doch tiefer in die Wirklichkeit Engel ein:

In jedem Falle sind die Engel als Gremium eine Art von Öffentlichkeit, sie sind so etwas wie der Senat des Himmels. Keine Öffentlichkeit ist an den inneren Gefühlen von Menschen je besonderes interessiert gewesen.

Dieses Gremium der Engel ist nicht einfach harmlos, sondern kritisch. Oft sind die Engel dem „Chor“ in der antiken Tragödie vergleichbar, der seine Kommentare zum dramatischen Geschehen gibt. Daraus ergibt sich die Rolle der himmlischen Gremien und ihrer hymnischen Kommentare in der Darstellung der Offenbarung des Sehers Johannes.

Vor diesem Gremium gilt wie vor jeder anderen Öffentlichkeit Ruhm und Schande. Alles kommt darauf an, dass der Richtige (nämlich Gott) dauerhaft gerühmt wird. Daher die Doxologien in der Offenbarung des Johannes. Daher ist auch das Schicksal des Paulus auf Erden in Unehre und Schande durchaus kein Gegenstand der Sympathie seitens der Engel.

Engel freuen sich, wenn Gerechtigkeit siegt. Daher wird in der Offenbarung der Untergang Roms gefeiert (Offenbarung 18f). Genauso wird der Sieg der Gegenseite gefeiert, weil es ein wirklicher Sieg ist. Keineswegs verzichten die Engel und ihre Hymnen auf eine Wiederherstellung von Ruhm und Ansehen.

Engel haben kein Verhältnis zum Leiden. Sie können nicht selbst leiden und auch nicht mitleiden, geschweige denn stellvertretend leiden. Man beachte: Wir machen keine Aussagen darüber, was und wie Engel an sich sind, sondern können nur Aussagen über das machen, was die Bibel über Engel sagt). Insofern – und nur insofern – gilt wohl zu Recht, dass manche Theologen feststellen, das Mitleiden sei erst im 13. Jahrhundert n. Chr. „erfunden" worden. Vorher gibt es Erbarmen, Barmherzigkeit, Gnade und Güte, nicht aber Mitleiden, wie es etwa der Hymnus „Stabat mater" darstellt.

Weil sich die Engel über den Sieg der Gerechtigkeit freuen, jubeln sie auch über die Bekehrung, wenn aus einem Sünder ein Gerechter wird (Lukas 15,8). Aber aus demselben Grund haben sie keine Sympathie mit dem Leiden des Apostels Paulus. Sie würden auf seine Rehabilitierung drängen. Aber sie sind nicht so morbide, dass sie sich über seine Märtyrerleiden freuen würden.

Die Engel können wohl im Leiden stärken und helfen; damit bleiben sie aber außerhalb des Leidens selbst. Diese Eigenschaft teilen sie übrigens mit den Dämonen, von denen das Neue Testament das genauso wahrnimmt. Daher wird auch Petrus, insofern er das Leiden Jesu ablehnt, als Satan bezeichnet (Markus 8,33). Daher will Jesus auch kein Bekenntnis von Dämonen hören, weil ein echtes Bekenntnis sich im Leiden bewähren müsste.

Es geht in dieser „Theologie" also nicht um den Lobpreis des Leidens um seiner selbst willen oder um ein Verharren darin. Der Sinn dieser Zeit des Leidens ist es immer nur, dass es möglichst schnell und nachhaltig überwunden wird. Der Herr der Engel ist auch kein Gott, dem an Leiden an sich gelegen wäre. Er will kein Leiden, weder für den Sohn noch für die Gemeinden. Auch Gott will den nachhaltigen Sieg der Gerechtigkeit und er will Ehre für den, dem Ehre gebührt.

Die Spur der Engel

Für den Autor dieses Buches war die Beschäftigung mit dem Thema ein spannender Weg. Denn die Bibelausleger wissen zu den Engeln in den einzelnen Abschnitten fast nichts, zu den Engeln im ganzen nur wenig zu sagen. Verlegenheit und Abwehr überwiegen. Ich habe mich darauf eingelassen, in jedem Text neu auf der Spur der Rede von Engeln einen neuen Zugang zu Gott zu finden. Für mich wurde die Lektüre der Engel-Texte zu einem ganz besonderen Weg der Theologie, der Rede von Gott, also nicht von Nebensächlichkeiten, sondern vom Zentrum. Alles in allem: Wenn man jedes Kapitel studiert, das allein das Neue Testament über Engel bietet, wird erkennbar, wie differenziert Gott durch das Wirken seiner Engel wahrgenommen wird. Niemand kann jetzt mehr einfach von „Gottes lieben Engelein" reden wie von Kindern, die noch nicht ganz ernst zu nehmen sind.

Gott scheint oft weit weg zu sein. Die Welt scheint von Gott verlassen. „Abwesenheit Gottes" haben deshalb Theologen die vorherrschende Gotteserfahrung unserer Zeit genannt. Ehrlich gesagt, scheint das früher auch nicht anders gewesen zu sein. Jesus redet am Kreuz ebenso. Die Gottverlassenheit ist nicht leicht zu übertünchen.

Aber immer wieder richt es aus der Bibel hervor, wie oft Gott im Alltag uns das freundliche Geleit seiner Engel gewährt. Und da Gottes Engel in Luthers Morgen- und Abendsegen genannt wird, halte niemand die Rede von Engeln für exklusiv katholisch.

Und während Jesus doch am Kreuz von der Gottverlassenheit spricht, sehen wir mit den spätmittelalterlichen Darstellungen der Kreuzigung Engel das Blut Jesu am Kreuz auffangen in kostbaren goldenen Kelchen – zum Zeichen, dass Gott dieses Blut nicht verrinnen lässt, sondern damit und darin unsere Erlösung geschehen lässt. Auch hier ist es Gottes Wirken in diesem schrecklichen und grausigen Geschehen, das Engel unsichtbar, aber herrlich vollziehen.